FERNANDO ORS

IMPACTO 3.0
Mejora tu vida, dinero y legado

FERNANDO ORS

IMPACTO 3.0

Mejora tu vida, dinero y legado

bubok
EDITORIAL

© Fernando Ors
© Impacto 3.0. Mejora tu vida, dinero y legado

Diciembre 2024

ISBN: 978-84-685-8401-0

Depósito legal: M-27062-2024
SafeCreative: 2412020269202

Editado por Bubok Publishing S.L.
equipo@bubok.com
Tel: 912904490
Paseo de las Delicias, 23
28045 Madrid

Reservados todos los derechos. Salvo excepción prevista por la ley, no se permite la reproducción total o parcial de esta obra, ni su incorporación a un sistema informático, ni su transmisión en cualquier forma o por cualquier medio (electrónico, mecánico, fotocopia, grabación u otros) sin autorización previa y por escrito de los titulares del copyright. La infracción de dichos derechos conlleva sanciones legales y puede constituir un delito contra la propiedad intelectual.
Diríjase a CEDRO (Centro Español de Derechos Reprográficos) si necesita fotocopiar o escanear algún fragmento de esta obra (www.conlicencia.com; 91 702 19 70 / 93 272 04 47).

Índice

9	Reseñas
21	Introducción

PARTE 1: Mejora tu vida

25	
26	**Capítulo 1:** Empieza por las relaciones
37	**Capítulo 2:** Mejora tu vida con un círculo personal
47	**Capítulo 3:** Mejorar la sociedad persona a persona
59	**Capítulo 4:** El poder de encontrar un propósito
68	**Capítulo 5:** Un camino que conduce al crecimiento
90	**Capítulo 6:** Una lente para detectar oportunidades
100	**Capítulo 7:** Escuchar para comunicar con solidez
109	**Capítulo 8:** Las claves del liderazgo
116	**Capítulo 9:** Tu resistencia única
129	**Capítulo 10:** Secretos para la autoestima
140	**Capítulo 11:** Encontrar la armonía

PARTE 2: Mejora tu dinero

163	
164	**Capítulo 12:** Aspectos básicos de una inversión inteligente
177	**Capítulo 13:** La relevancia del largo plazo
187	**Capítulo 14:** Value Investing
195	**Capítulo 15:** Sesgos cognitivos, futuros y opciones
203	**Capítulo 16:** El potencial de las inversiones alternativas, de impacto y la *green economy*
221	**Capítulo 17:** Invertir en RWA a través de la tokenización
239	**Capítulo 18:** El mundo cambiante a través de DeFi y DePIN
249	**Capítulo 19:** Gestión de las inversiones con IA y ML

255 PARTE 3: Mejora tu legado

256 **Capítulo 20:** La oportunidad de marcar la diferencia
267 **Capítulo 21:** La definición de riqueza duradera

279 Lecturas recomendadas

281 Agradecimientos

Reseñas

Trabajo con Fernando desde hace más de diecisiete años. Es una persona única, quizá por su filosofía de vida formada en el dojo y su profundo conocimiento de las tecnologías modernas y las inversiones alternativas.

Cuando presentaba sus ideas al Consejo de Administración, solía haber tres fases de comprensión de las mismas: oír y no escuchar, escuchar y no entender, y entender y hacerlas propias de los miembros del consejo.

Fernando es un visionario, y el tiempo le ha dado la razón muchas veces. Hace varios años, yo también me especialicé en blockchain, tokenización y su regulación legal. Fernando y yo coincidimos también en esto, que es fascinante y desafiante.

La lectura de este libro ha confirmado mi opinión sobre él, de cuya amistad me siento orgulloso, a pesar de la distancia que nos separa de España a Estados Unidos.

JOSÉ RAMÓN ROMERO
Socio de Loyra Abogados

Puedo ver a Fernando en casi todas las situaciones y consejos descritos en este libro de lectura obligada. Es muy completo y fácil de aplicar a nuestra vida diaria.

ANTONIO LÓPEZ
SVP de City National Bank

Nos pasamos toda la vida acumulando conocimientos para ser mejores profesionales. Las universidades y escuelas de negocios nos enseñan los fundamentos de nuestras disciplinas: gestión, marketing, finanzas y mucho más. Sin embargo, construir una carrera profesional (y personal) de éxito es imposible sin algunas lecciones esenciales que solo alguien con una rica y dilatada experiencia puede compartir. Por eso este libro es un acontecimiento significativo.

Gonzalo Brujó
CEO de Global Interbrand

Fernando es capaz de transmitir décadas de aprendizaje —tanto a nivel personal como profesional— a través de este libro. Lo más interesante es el toque que le da mezclando situaciones divertidas con profundas reflexiones empresariales, personales e incluso espirituales.

Miguel Caballero
CEO de Tutellus

En este libro encontrarás cientos de ideas útiles y perspicaces de uno de los amigos más inteligentes que tengo la suerte de tener. Perlas de sabiduría y pensamientos compartidos desde su experiencia y su ser más íntimo. Es un enfoque exhaustivo que aborda tanto cuestiones personales como financieras.

Luis Merino
Responsable de Fondos Equilibrados Santalucía
Gestión de Activos

...una visión inspiradora de cómo podemos transformar nuestra relación con la vida, el dinero y la inversión.

Francisco Mariscal
CEO de Orbyn

Admiro a Fernando por su genuino compromiso de ayudar al mayor número posible de personas y por su habilidad para expresarlo.

Eric Sánchez
CEO de Reental

Durante toda la escuela primaria, fui el mejor amigo de Fernando. Cuarenta años después, me ha encantado leer su libro, que ofrece sabios consejos de forma humilde y directa, ¡como él siempre fue!

Javier Rodríguez Soler
Director Global de Banca Corporativa y de Inversión BBVA

La vida y los negocios no son incompatibles; son complementarios, con secretos comunes y herramientas prácticas imprescindibles de dominar para dejar un legado. La lectura de su libro inspira la persecución de estos objetivos a través de la lente de una perspectiva global estimulante e infrecuente.

Hernán San Pedro López de Uribe
Director de Relaciones con Inversores de la
SOCIMI LAR

Cada página fomenta el crecimiento personal y económico y nos inspira a extender nuestra influencia más allá de nuestro círculo inmediato. También es una puerta para entrar en el apasionante mundo de las inversiones alternativas.

Carla Castelló
COO de Reental

Impacto 3.0 no es el típico libro de desarrollo personal o inversiones. Está escrito de tal manera que realmente disfrutará leyéndolo. Tanto si acabas de empezar como si eres un profesional experimentado, encontrarás consejos clave y ayudas mnemotécnicas.

Nicolás Barilari
CEO de Nash21

Este libro ofrece sabiduría práctica para cualquiera que navegue por las complejidades del crecimiento personal y profesional.

Mariana Luciano
Responsable de Calidad y Rankings IE

Fernando guía a los lectores en la construcción de relaciones significativas, la mejora de las habilidades de liderazgo y la capitalización de inversiones alternativas para marcar una diferencia positiva. Este viaje en tres partes para mejorar la vida, el dinero y el legado de cada uno es a la vez inspirador y práctico, y pone al alcance de todos sofisticadas estrategias de inversión.

Pablo Espuela
Mentor en el Fondo de Innovación del MIT

Una síntesis perfecta de tecnología, innovación, liderazgo y humanismo.

Alex Mahave
CEO de Be Your Best

Fernando comparte con franqueza sus experiencias y puntos de vista como empresario de éxito. Tengo la suerte de conocerle desde la infancia; cada interacción con él ha sido una experiencia de aprendizaje para mí.

Juan Pablo Soriano
Director General de una de las principales
agencias de calificación de EE. UU.

Todos necesitamos este perspicaz libro lleno de experiencias y consejos de excelente calidad literaria y conocimientos técnicos esenciales. Es una delicia leer, con su tono apasionado y existencial.

Rubén Pugna
Fundador de Fidelitas ARTe

Fernando siempre ha sabido hacer sencillo lo complicado y poner el corazón en lo que hace. Leyendo su libro, me sentí como si estuviera con él, recogiendo sus habituales consejos útiles y su optimismo. Este libro me dio pistas sobre cómo ser más inteligente con las inversiones y me inspiró a ser mejor persona al recordarme la importancia de actuar con valores y amabilidad.

Richard Gracia
CEO de Thrive Colivings y autor de bestsellers

La inversión como una forma inteligente y con propósito de dejar un legado duradero, un elemento clave para tu futuro y el de las generaciones venideras. Me encanta cómo Fernando aborda la importancia de esta perspectiva.

Gustavo Rossi
Fundador de Alquiler Seguro

Fernando nos comparte su sabiduría vital y cómo maximizar las estrategias de inversión a través de inversiones alternativas que se han vuelto más accesibles gracias a la llegada de las últimas tecnologías, como el blockchain y la tokenización.

Montse Garrido
Directora del Sector Público de América Latina
Citibank

Si quiere progresar financieramente y tener una vida próspera, no tenga miedo de invertir; en lugar de eso, tenga miedo de no invertir. Este libro esboza los fundamentos para iniciar su viaje.

Andrea Redondo
Fundadora de El Club de Inversión

Fernando enseña a los lectores cómo desarrollar relaciones significativas y habilidades de liderazgo, y los guía en la creación de riqueza integral a través de negocios e inversiones que tienen un impacto positivo en el mundo.

Patricia Pastor
GP Next Tier Ventures

Este libro es un ameno compendio de conocimientos imprescindibles sobre las inversiones alternativas y las tecnologías emergentes. También contiene consejos prácticos para el crecimiento personal y profesional a partir de las experiencias de primera mano del autor. Todo el mundo, especialmente las nuevas generaciones, necesita este legado de fácil consulta.

María Bujidos
Directora Codere

Impacto 3.0 te invita a pensar con originalidad y amplía definitivamente tu visión y capacidad de acción.

Florencia Minadeo
Cofundadora LinkUp

Fernando muestra a los lectores cómo desarrollar relaciones significativas, adquirir habilidades de liderazgo y crear riqueza a través de negocios e inversiones que tengan un impacto positivo.

Eduardo Morales
Asesor empresarial de Ficom Leisure

Este es un gran legado.

Sebastien Dupoy
Director Caribe FreeBalance

Lo he leído y es maravilloso.

Nick Papadoglou
Miembro del Consejo Nexi

En esta nueva y emocionante era de tecnología innovadora, Fernando nos orienta sobre cómo abordarla y diversificar nuestras carteras para aumentar nuestros beneficios mediante inversiones alternativas y de impacto.

Carlos Blanco
Presidente Encomenda Capital

La sabiduría de Fernando nos recuerda la fugacidad de la vida y la importancia de aprovechar cada momento. Su libro nos inspira a esperar poco de los demás y a servir con amor, perdonando a quienes carecen de comprensión. Nos guía hacia la plenitud, animándonos a encontrar nuestro propósito y a crear una influencia beneficiosa en los demás. Sus consejos sobre bienestar, liderazgo e inversión alternativa iluminan el camino hacia el logro y la realización personal. ¡Un libro sin parangón que trascenderá generaciones!

Pedro Ramón López García
CEO de Climatecoin

Cuando conocí a Fernando, me causó una gran impresión. Sus ideas sobre la vida, la inversión y la búsqueda de algo más grande que el mero beneficio económico son realmente esclarecedoras.

Enrique López de Ceballos
Socio de Protein Capital

Fernando destila sus conocimientos adquiridos tras vivir en Asia, Europa y América en un libro que puede compartir con personas que, como yo, no están muy familiarizadas con el mundo de los negocios y las inversiones. Ha hecho un trabajo fantástico sintetizando lo que realmente importa en la creación de verdadera riqueza y las características clave que una persona debe tener para una vida plena.

Carlos de la Morena
Embajador de España en El Salvador

A mis hijas, sobrinas y sobrinos

Una vez oí a una mujer en la radio decir: «Si hubiera sabido hace cuarenta años lo que sé ahora...», y siempre me pregunté a qué se refería.

Con el paso de los años, comprendí que probablemente no se refería a un conocimiento concreto, sino a una suma de experiencias vitales.

Pues bien, cuarenta años después, he aquí mi particular respuesta ;)

Introducción

Si reúno a toda mi familia, seguro que escucho animadas discusiones. Las comidas juntos suelen incluir debates que abarcan una amplia gama de temas. Podemos hablar de política, de ideas empresariales, de economía, de inversiones alternativas y de la vida en general, todo ello en poco tiempo.

De todas las discusiones familiares que he tenido, una permanecerá para siempre en mi mente. De hecho, es la que me motivó a escribir este libro. Ocurrió hace ya años. Mis dos hijas eran pequeñas entonces. Mi padre, un famoso periodista de televisión, aún estaba con nosotros. Cuando cierro los ojos, aún puedo verlo pasar como si fuera hoy.

Este ocurrió durante una comida familiar de verano, y aunque no recuerdo necesariamente el tema que se discutía, sí me acuerdo de que estaba allí con mi padre y mis hijas. Un debate sobre algo —quizá macroeconomía o un acontecimiento bélico mundial— se convirtió en una discusión que llegó al clímax. Hice una afirmación, y mi padre replicó: «No estoy de acuerdo, y tú nunca me has enseñado nada». Ese fue el final de la discusión.

El comentario de mi padre me hirió profundamente. En aquel momento, no creí que mi padre comprendiera realmente el nivel de dolor que habían infligido sus palabras. Nunca volvimos a hablar de ello.

Un día, tras su fallecimiento, aquel recuerdo salió a la superficie y volví a sentir el escozor. Pronto me encontré recluido en los confines de mi habitación, absorto en lágrimas.

Mis dos hijas, pequeñas aún, entraron en ese momento y descubrieron mi angustia. Se enteraron de la pena que me causó la discusión que surgió durante aquella comida familiar que ellas vagamente recordaban.

Semanas después, mis hijas me sorprendieron con un regalo. Se habían emocionado al saber cuánto me habían herido las palabras del abuelito. En respuesta, habían llenado un tarro de cristal con delicados trozos de papel. Cada trozo contenía una cita sobre crecimiento personal, negocios o inversiones que yo había compartido con ellas a lo largo de sus vidas. El tarro llevaba una etiqueta adornada con las palabras: «Lecciones de vida de papá». El título estaba rodeado con corazones, expresiones de su amor.

Cuando recibí el regalo, sabía que la mayoría de las citas serían breves. Debido a mi dislexia, siempre he intentado sintetizar el aprendizaje relevante en pocas palabras, porque facilita tanto la creación como el recuerdo.

Durante los años siguientes, me aseguré de que el tarro estuviera siempre en nuestra casa. Esto supuso un esfuerzo, ya que nos mudamos con regularidad. Hemos cambiado de casa diecinueve veces en los últimos veinticinco años, yendo a lugares de todo el mundo. Hemos vivido o pasado largas temporadas en países como Singapur, Indonesia, Italia, y en varios estados de EE. UU., como California, Georgia y Florida. Allá donde íbamos, ese tarro nos acompañaba.

Con el tiempo, decidí conservar esas citas tan queridas. Quería transcribirlas en páginas que perduraran. También quería que fueran fácilmente accesibles, reconociendo que medio siglo de existencia otorga una medida de madurez que compartir con los demás.

Y sin embargo, hay más en esta historia. Mientras recogía los trozos de papel y empezaba a añadirles más lecciones que había acumulado desde que mis hijas crearon el tarro de citas, me di cuenta de algo. Vivimos en un mundo cada vez más digital. Esta tendencia permite nuevas formas de comunicación. Ofrece más oportunidades de compartir y aprender unos de otros. Me di cuenta de que tenía la oportunidad de desarrollar un material al que podrían acceder mis hijas ahora, cuando escribo esto, como regalo por su doble titulación, y en el futuro. Además, otros podrían aprovechar las lecciones mientras recorren sus propios caminos. La guía y el consejo podrían servir como mi propio «avatar» o asistente al que pedir opinión cuando yo ya no esté presente.

Ese es el objetivo de este libro. Redactar una especie de instrucciones para la vida, una curación de experiencias, citas y aforismos que ellas puedan leer más adelante para mejorar sus relaciones, sus inversiones y vivir una vida con propósito. También adentrarlas en nuevas tendencias y tecnologías que están trastornando muchas industrias, entre otras, la de inversiones alternativas y de impacto.

He pasado mi carrera profesional en áreas innovadoras de empresas tecnológicas que me apasionan, que me han permitido ayudar e impactar positivamente industrias y personas. Como intraemprendedor y emprendedor en serie, he participado en *startups*, liderado transformaciones digitales de multinacionales, siempre con el objetivo de lograr un impacto social transgeneracional, sumando más de veinte años de experiencia en consultoría estratégica, desarrollo de negocios digitales, e inversiones alternativas.

Al incorporarme a empresas, siempre he evaluado previamente su KPI en el sentido de su *key positive impact*. Durante mi etapa en Codere e Intralot, por ejemplo, fui mentor de empleados y abrí camino a fundaciones y normativas que permitieran dedicar los impuestos del juego a becas educativas. Cuando lancé BrightStar, fue con la misión de evitar o minimizar el riesgo de que nadie tuviera que dejar este mundo, como mi padre, solo y en una fría cama de hospital por el protocolo COVID-19; así, con el lema «Nadie solo», ayudar a la transición al otro mundo acompañado de un ser querido. En Reental y Fidelity Arte, mi pasión por hacer la inversión inmobiliaria y en arte accesible a todos es un motor y una motivación para trabajar duro cada día. A través de Savia Group, que incluye Savia Consulting, Savia Health, Savia Capital, Nueva Savia y Fundación Savia, ayudo a la expansión o transformación digital de empresas y a la educación y gestión de fondos en inversiones alternativas y de impacto.

Y mi viaje no ha hecho más que empezar. He vivido, con mi querida esposa, en más de diez países de Asia, Europa y América, y he dirigido equipos de más de veinte nacionalidades. Veo la vida como un proceso de aprendizaje continuo, consciente de que lo que hacemos hoy marca la diferencia para nuestros seres queridos y para las próximas generaciones.

Al leer este libro, podrás echar un vistazo a lo que he aprendido a lo largo del camino. Además, recibirás alimento para la reflexión, ya que comparto algunos hábitos o habilidades peculiares que puedes plantearte aplicar en tu camino de crecimiento. Los capítulos ofrecen consejos para mejorar tanto tu vida como tu dinero y tu legado.

Comparto ideas sobre cómo aprovechar al máximo tu crecimiento y tus oportunidades, junto con *inputs* sobre comunicación y liderazgo. Intento dar luz a cómo la gestión de nuestra salud, autoestima y una vida equilibrada pueden hacernos llegar más lejos de lo esperado y disfrutar del camino.

También abordo nuevas alternativas para mejorar nuestras finanzas, incluidos métodos y tecnologías aún no muy conocidos ni utilizados, pero que cobrarán un claro protagonismo en un futuro próximo. Estas últimas tendencias están permitiendo a mucha más gente acceder a oportunidades que antes no estaban a su alcance.

En las páginas siguientes, verás todas las citas que compartí inicialmente con mis hijas, las que una vez me regalaron en un tarro (he añadido algunas otras), presentadas al mundo entero. Mi esperanza es que nos ayuden a crecer juntos, de modo que cuando pensemos los unos en los otros, sea de forma positiva y productiva.

Sigo teniendo conversaciones con mi familia ampliada, y a menudo se convierten en debates. Sin embargo, con los años, me he inclinado por utilizar el humor para ayudarnos a sobrellevar las discusiones delicadas y la vida en general. Siguiendo esta filosofía de vida, he espolvoreado tiras cómicas al principio de cada capítulo. Reflejan uno de mis enfoques favoritos de la vida y el trabajo: pase lo que pase, sigue sonriendo. De hecho, podemos recurrir al humor hasta en las situaciones dramáticas más extremas, tal y como nos demostró el pobre Pedro Muñoz Seca, quien antes de ser fusilado en Paracuellos se despidió con un genial: «Podéis quitarme mi hacienda, mi patria, mi fortuna e incluso mi vida. Pero hay una cosa que no me podéis quitarme: ¡el miedo que tengo!».

¡Espero que lo disfrutes!

PARTE 1
Mejora tu vida

CAPÍTULO 1

Empieza por las relaciones

"You changed your Facebook relationship status 347 times today. Want to talk about it?"

Hoy has cambiado 347 veces tu estado sentimental en Facebook. ¿Quieres hablar de ello?

Un día de mi juventud llegué tarde a casa. En realidad era casi de madrugada. Revelación total: volvía después de una borrachera. Por aquel entonces, estábamos veraneando en Águilas, un pequeño pueblo de Murcia, España, donde tenemos una casa frente al mar, frente a la isla del Fraile.

Al acercarme a nuestra casa, enseguida me di cuenta de que no estaba sola. Allí estaba mi madre, de pie en la puerta. Me estaba esperando. Probablemente llevaba allí mucho tiempo, ya que yo había estado fuera toda la noche.

Instintivamente, supe que habría una pelea. Mi madre estaría preocupada por mi seguridad y probablemente no aprobaría mi hora de llegada.

Por supuesto, hubo un encontronazo. Pero entonces, cuando nos calmamos, miré a mi alrededor y observé lo que nos rodeaba. El sol estaba a punto de salir justo detrás de la isla. Animado por la belleza del momento, invité a mi madre a acompañarme a la terraza para ver salir el sol.

Ella aceptó. Aproveché los minutos que pasamos juntos para desahogarme con ella. Le dije lo agradecido que estaba por sus esfuerzos y sacrificios para criarnos a mis hermanos y a mí. Le agradecí los principios, valores y hábitos que nos había enseñado. De ella aprendimos desde el interés por la lectura y el cine hasta el amor incondicional a los demás a pesar de sus defectos.

No recuerdo cuánto tiempo hablamos. Sin embargo, sí recuerdo que, cuando salió el sol, volvimos a la casa y nos separamos. Antes de irme a la cama, me encontró. Estaba llorando y me dio el abrazo más largo que me habían dado nunca.

Al día siguiente, mi padre me buscó. «No sé qué le dijiste ayer a tu madre, pero gracias», me dijo. «Dice que nunca se ha sentido tan feliz».

Aún hoy guardo recuerdos de aquel amanecer y explosión de emociones. Desde ese momento, he apostado por vivir cerca del agua. En una isla, junto al mar, como vivo actualmente, encuentro la calma y recuerdo lo que es importante en la vida.

Independientemente del momento de la vida en que te encuentres, las relaciones importan. Merece la pena invertir en ellas y aprender de los demás. Pueden reír juntos, llorar juntos, vivir experiencias juntos y crecer juntos. Siempre me gusta acercarme a la gente preguntándome: «¿Cómo tratarías a esa persona si fuera la última vez que vas a hablar con ella porque vas a morir mañana por accidente o de muerte natural?». Esto me ayuda a mantener la perspectiva y a tratar a todo el mundo con amabilidad.

En las siguientes secciones, comparto algunas citas y lecciones sobre relaciones y amistades. Muchas de ellas las he extraído de mentores y libros, y luego les he dado mi propio toque. Espero que te inspiren para reflexionar sobre tus propias relaciones. Mientras las lees, o cuando vuelvas a ellas más tarde, piensa qué puedes hacer hoy para conectar más o mejor con las personas que te importan.

Sobre las relaciones

Haz que sea un juego de suma positiva infinita

Haz que a los demás les encante reunirse o jugar sin parar contigo. Evita las discusiones. Busca las ventajas para todos, ya que nadie gana hasta que todos ganamos. Prioriza estar en una relación a tener razón porque no siempre puedes tener las dos cosas.

Ábrete a lo bueno que puedas encontrar

Amar significa centrarse en lo mejor de cada uno, aunque hayas visto lo peor. Recuerda que las diferentes perspectivas pueden ser reveladoras, así que presta atención a los comentarios de tus amigos y compañeros.

Tómate tu tiempo para cuidar tus relaciones

Debes ayudar a tu pareja a convertirse en lo que ella quiere, no en lo que tú quieres que sea. Además, el tópico parece ser cierto: según algunos estudios, las parejas que pasan más tiempo juntas permanecen unidas más tiempo[1]. La oxitocina, la hormona del amor y el sexo, se libera cuando los miembros de la pareja participan en actividades mutuamente satisfactorias. Dedica tiempo a tu pareja, por muy ajetreada que sea tu vida. Descansa cuando lo necesites y tómatelo con calma con las personas que te rodean cuando lo necesiten. Y recuerda que la variedad, también con las amistades, es la sal de la vida, e invertir en las relaciones con la gente te ayudará a acercarte a tus objetivos.

Enriquece tu vida con «*sunset moments*»

Todo el mundo puede disfrutar y agradecer experiencias magníficas si presta atención y las vive de manera consciente. Por ejemplo, un atardecer en familia. O fíjate en cómo la manita de tu hijo coge la tuya al cruzar la calle y os cogéis de la mano hasta llegar a casa. Estos acontecimientos pueden parecer insignificantes y mundanos, pero son lo único que importa al final del día.

Las acciones importan más que las palabras

Puedes decir o sentir muchas cosas, pero solo transformas este mundo cuando añades acciones inteligentes o amables a esas palabras o sentimientos. Precisamente por eso se dice que las acciones hablan más alto que las palabras. Hablando de «hablar más alto», también se dice que hablar en voz alta es una de las características de una persona segura de sí misma. Así que, en caso de duda, no importa lo débiles que sean tus argumentos o chistes, dilos en voz alta.

Amar es como el clima, con sus rayos de sol, tormentas, copos de nieve y granizo

Prepárate para encontrar momentos de dificultad y agitación con tus seres queridos. Pueden ser conflictos, desacuerdos o incluso angustias. Sin embargo, capearás las tormentas y abrazarás la belleza de los copos de nieve de la vida, ya que cada uno de nosotros tiene una historia única.

---

1   *Couples that Play Together Stay Together*. BYU. https://foreverfamilies.byu.edu/couples-that-play-together-stay-together#:~:text=So %20far %2C %20the %20findings %20are,spouse %20can %20improve %20your %20marriage

No puedes remar solo[2]

Haz tantos amigos como sea posible. Recuerda que tu felicidad y tu éxito dependen, la mayoría de las veces, de los demás. A sus sesenta años, la atleta Diana Nyad se embarcó en el sueño casi imposible de toda su vida: nadar desde Cuba hasta Florida a través de más de 160 kilómetros de mar abierto. Cuando lo consiguió, tras varias pruebas y más de sesenta horas de nado sin parar, dijo: «Nunca nunca te rindas, nunca eres demasiado viejo para perseguir tus sueños, ¡y hace falta un equipo!».

Fíjate en sus padres si quieres saber cómo será (probablemente) tu pareja en el futuro

Esto se aplica tanto a los aspectos físicos como psicológicos. Fijarte en cómo se relacionan sus padres, sus aficiones, profesiones, espíritu emprendedor, etc., te dará algunas pistas sobre su probable comportamiento e intereses futuros.

Sé detallista

Si eres descuidado en los pequeños detalles, no te confiarán los asuntos importantes.

Resuelve rápidamente las discusiones

Nunca termines el día sin pedir disculpas a quien se las merece.

Sal con la gente adecuada

Somos el reflejo de quienes nos rodean. Nos convertimos en la media de las cinco personas con las que pasamos más tiempo, así que sé selectivo con quienes te rodean. No estés con gente que te reprima, sino con personas positivas y con autocontrol que te empujen hacia arriba. Fíjate en tu círculo y elige bien a tus amigos y compañeros.

---

2   McRaven, William. *William McRaven Quotes*. Goodreads.com. https://www.goodreads.com/quotes/8940622-you-cannot-paddle-the-boat-alone-find-someone-to-share

Haz un uso inteligente de las redes sociales

Haz un buen uso de las redes sociales y la tecnología digital para cultivar relaciones significativas o para hacer más atractivos tus servicios o negocios. Asegúrate de que sus algoritmos no te manipulan secuestrando tu activo más valioso, que es tu tiempo.

Sé creativo con los planes de salidas familiares

Encuentra aficiones, deportes, películas, restaurantes y viajes comunes que se ajusten a los gustos de todos. Transfórmalos en los mejores regalos de cumpleaños o Navidad.

No preguntes: «¿Qué tal tu día?». En su lugar, di: «Háblame de tu día»

Evitarás los monosílabos y las respuestas cortas.

Cuanto menos tengas que levantar, más alto podrás elevarte

Deshazte del equipaje innecesario, de la ropa que no te gusta y de las personas que te complican la vida. Empieza por quienes cotillean, ya que te hacen perder mucho tiempo. Además, como dice el refranero español: «Quien cotillea, cotilleará de ti».

Da sin esperar; recibe sin olvidar

Y nunca olvides quién estuvo contigo cuando nadie más lo estaba. Comparte con los demás, y ellos te sorprenderán a cambio con sus propios favores.

Presta dinero si puedes, pero no dos veces seguidas sin que te devuelvan lo pendiente

A lo largo de tu vida, tendrás compañeros, amigos y familiares que te pedirán dinero prestado para diferentes imprevistos y apuros. No hay nada más agradable que ayudar a tus familiares y amigos cuando lo necesitan, pero si alguien no te devuelve la cantidad inicial prestada, *lo siento, pero se acabó la partida*.

El dinero es un tesoro muerto; los hijos, uno vivo

Ten siempre en cuenta las opiniones de tus hijos como miembros de tu equipo (y la familia es tu equipo más relevante). Recuerda que el castigo no tiene cabida en una relación afectuosa.

El castigo puede detener el mal comportamiento, pero también puede impedir que los niños aprendan a corregirse a sí mismos; enséñales a aprender de sus errores y dales oportunidades para que ellos mismos mejoren las cosas.

El amor no es un sentimiento, es una actitud

Cuanto más juzgues, menos amarás. Alimenta tus relaciones dando prioridad a divertirse juntos frente a las tareas insignificantes. Tómense algunas fotos juntos como recordatorio de su viaje común hacia una vida compartida más feliz y saludable.

Cuando todo esté dicho y hecho, solo el amor perdurará

Cuando todo está dicho y hecho, hay mucho más dicho que hecho. Identifica a las diez personas más importantes de tu vida y céntrate en amarlas.

Escribe hoy un mensaje de amor a tu pareja

Por ejemplo, de camino al aeropuerto: «Me encantó que me ayudaras hoy a hacer la maleta». Y ya que estás escribiendo, aprovecha para anotar, solo para ti, lo que te gusta de tu pareja; nunca dejes que sus debilidades te abrumen.

Cuando un niño te pida ayuda, dásela. Cuando un niño te pida jugar, juega

Cuando un niño te haga una pregunta, respóndele. Cuando un niño le pida hacer algo divertido, hazlo. Evita las típicas excusas, como «estoy ocupado», «en un minuto» o «después de esta llamada». La cuestión es que, algún día, no te lo pedirán.

Un problema compartido está medio resuelto

Un problema no abordado seguirá sin resolverse, pero un problema compartido está medio resuelto. Pregúntale a tu compañero, entrenador o mentor cuándo es el mejor momento para hablar.

Encuentra los mentores adecuados

Séneca, sobre la brevedad de la vida, afirmó: «Tenemos la costumbre de decir que no estaba en nuestra mano elegir a los padres que nos fueron asignados, que nos fueron dados por casualidad. Pero podemos elegir de quién queremos ser hijos».[3]

Expresa elogios sinceros o gratitud tanto como puedas

En una encuesta realizada a 2000 estadounidenses, se descubrió que la mayoría de la gente cree que expresar gratitud a un compañero de trabajo les hace sentirse más felices y realizados. Sin embargo, la misma encuesta reveló que, en un día cualquiera, solo el 10 % de los empleados expresan su gratitud a alguien en el trabajo[4]. Como siempre, intenta estar en el 10 % superior.

Abraza durante seis segundos, mínimo

Según los doctores John y Linda Gottman, conocidos por sus investigaciones en el campo de las relaciones humanas, un abrazo o un beso de al menos seis segundos liberan oxitocina, conocida como la hormona del amor, y aumentan también la endorfina, la hormona de la felicidad. También han descubierto que quienes besan a sus parejas antes de irse al trabajo, viven hasta cuatro años más, así que ya sabes;)[5].

---

3 Seneca. *Seneca Quotes*. Goodreads.com. https://www.goodreads.com/quotes/8945853-we-are-in-the-habit-of-saying-that-it-was
4 Expressing gratitude may be true key to happiness, survey finds. September 15, 2022. StudyFinds.com. https://studyfinds.org/gratitude-key-to-happiness/
5 https://www.youtube.com/watch?v=mS3bfCt0K88

Amistad

Los buenos amigos son como las estrellas. No siempre las ves, pero sabes que siempre están ahí (Christy Evans)[6]

En los momentos difíciles, cuando la vida parece fea y horrible, los amigos son un faro de luz. A través de experiencias y recuerdos compartidos, se convierten en parte integrante de nuestra historia, dando forma a lo que somos. Y según algunos estudios, el apoyo emocional que nos brindan repercute positivamente en nuestro sistema inmunitario y longevidad[7].

Incluso a distancia, puedes disfrutar del calor de tu amistad

Las amistades a distancia ofrecen una oportunidad única para explorar y descubrir. A través de los ojos de nuestros amigos, nos hacemos una idea de estilos de vida y perspectivas diferentes; conocemos nuevos lugares, experiencias y formas de pensar que amplían nuestros horizontes y profundizan nuestra comprensión del mundo.

El amor y la amistad no se piden como el agua; se ofrecen como el té

Y al mismo tiempo, si quieres ganarte a un amigo, no le hagas un favor; pídele que lo haga por ti.

Cuando hablar se convierte en algo más importante que escuchar, es preferible cambiar de amigos

Busca amigos que se interesen por lo que tienes que decir y escúchalos. Cuando hablen, céntrate en sus palabras en lugar de construir una discusión. Ralentiza el ritmo de la conversación para que la otra persona se sienta escuchada. Sonríe siempre, ya que sonreír siempre ayuda a aliviar la tensión de todos.

---

6 Evans, Christy. *Christy Evans Quotes*. Goodreads.com. https://www.goodreads.com/quotes/7926961-good-friends-are-like-stars-you-don-t-always-see-them

7 Reblin, Maija and Bert N. Uchino. *Social and Emotional Support and its Implication for Health*. August 20, 2009. Curr Opin Psychiatry. https://www.ncbi.nlm.nih.gov/pmc/articles/PMC2729718/

Mejora tu entorno

Si te pasas el tiempo persiguiendo mariposas, se irán volando. Pero si dedicas tu tiempo a hacer un jardín bonito, las mariposas vendrán. No las persigas; atráelas.

Busca aprender de los demás

Como dijo Carl Gustave Jung: «Si un hombre sabe más que los demás, se siente solo»[8].

Evita a los *frenemies* fuera de los eventos sociales

Todos hemos sido frenemigos en algún momento. Hemos sido amables con alguien porque había algo en ello para nosotros, pero no nos sentíamos bien en su compañía. Con tantos eventos sociales, eso puede ser inevitable; sin embargo, intenta evitar a toda costa la falsa amistad. Si eres bueno, directo y bienintencionado, se te notará en la mirada y no pasarás desapercibido.

Para alcanzar sus objetivos, necesitarás la ayuda de sus amigos, familiares y socios

La mejor manera de animarlos a que le ayuden es ofrecerte, primero, a ayudarles a ellos. Genera confianza, establece un sentimiento de camaradería, crea un efecto dominó positivo y fomenta un entorno donde todos estén motivados para contribuir al éxito de los demás. El camino hacia la consecución de nuestros objetivos está entretejido con los esfuerzos colectivos de una red de apoyo. Como decía el Padrino: «Mantén cerca a tus amigos y más cerca a tus enemigos».

Si olvidas todo lo demás, recuerda esto

Expresa tu agradecimiento. Dile a alguien la diferencia que ha marcado en tu vida. *Amor vincit omnia.*

---

8   Jung, Carl Gustav. *Carl Gustav Jung Quotes.* Goodreads.com. https://www.goodreads.com/quotes/tag/carl-gustav-jung

Siempre que pienso en aquel amanecer, sentado en la terraza con mi madre, recuerdo todos los sufrimientos que le hice pasar y todos los principios y valores que me enseñó con su ejemplo. Ante todo, me enseñó lo que es una relación con mayúsculas. Su nivel de compromiso con su familia y la crianza de sus cinco hijos fue insuperable. Trabajó duro y nos transmitió a mis hermanos y a mí rasgos de carácter, amor y responsabilidad.

Y cuando hoy miro al océano, me acuerdo de las muchas personas que han entrado en mi vida y me han enseñado valiosas lecciones. Algunas están conmigo solo en el recuerdo, pero están grabadas para siempre en mi corazón. Me han ayudado a ser quien soy hoy y me han motivado a buscar formas de ser una luz para los demás.

CAPÍTULO 2

Mejora tu vida con un círculo personal

*Mi mujer dice que necesito ropa interior nueva.
Averigua si me sale más barato comprarla o alquilarla*

Además del aspecto crítico de desarrollarse desde dentro hacia fuera como persona (nuestro mundo lo creamos y transformamos de dentro a fuera), he descubierto que formar relaciones sólidas con otras personas puede ayudarte a llegar más lejos de lo que podrías por ti mismo.

Dentro de un círculo personal hay que tener en cuenta diferentes anillos. A menudo, el primero es la pareja; luego se extienden a la familia cercana y los amigos. Profesionalmente, tener fuertes conexiones profesionales en el trabajo también te ayudará a aprender y crecer continuamente en tu carrera.

Para mí, mi círculo cercano empieza con mi mujer. Es una amiga fundamental en mi vida, así como una mentora y socia en los negocios. Dirigimos varias empresas juntos, y es especialmente brillante con los números, la contabilidad y los impuestos, lo que complementa mis habilidades. Cuando reflexiono sobre mi propia trayectoria, diría que gran parte de mi desarrollo personal y profesional se debe a su presencia.

Cuando buscas a alguien con quien compartir tu vida, es crucial encontrar a una persona en la que puedas confiar al 100 % . Si tienes la suerte, como yo, de contar con un compañero que trabaje a tu lado y añada sus propios puntos fuertes a la relación, podréis formar un equipo sólido. Mi mujer ha vivido conmigo en todo tipo de países y en cada lugar me motiva a dar lo mejor de mí.

El siguiente en el círculo: mi familia. Siempre la considero lo más importante. A medida que mis dos hijas han ido creciendo, he ido aprendiendo de ellas; me aportan nuevas perspectivas que debo revisar. Como familia, apreciamos el esfuerzo y el sacrificio que supone tener un impacto positivo en los demás, y también celebramos cada paso adelante.

Después del cónyuge y los seres queridos, viene el resto de conexiones personales y profesionales. He mantenido estrechas amistades con personas, como mis amigos de mi querido patio, de mi juventud, de la universidad, de la maestría, de Águilas y de Key Biscayne (omitiré nombres porque es una lista larga, pero mis hijas y estas personas saben quiénes son). Tener vínculos con compañeros de trabajo y otras personas de tu vida puede ayudarte a encontrar apoyo cuando más lo necesitas. Es posible que ya cuentes con una red de personas que te escucharán y estarán a tu lado. También podrían ofrecerte consejos y elogios en los momentos adecuados. Si no tienes muchas conexiones personales y profesionales, mantén los ojos abiertos; podrías encontrarlas en los lugares más inesperados.

Si lo haces, las posibilidades pueden ser enormes. Una anécdota que recuerdo con especial cariño es cuando, durante mi carrera, a través de mi cuñado, pude conocer al presidente y CEO de Codere. La empresa, especializada en juegos, se estaba preparando para una salida a bolsa. Me contrataron para ayudarles con una transformación digital a través de un acuerdo de consultoría de seis meses inicialmente. Allí trabajé con un equipo increíble (ellos también saben quiénes son). Al recordar el tiempo que pasé con estos compañeros, me doy cuenta de que aprendí algo de cada uno de ellos. Algunos me enseñaron a expresar críticas constructivas y otros me mostraron maneras de ser positivo. Al final, me quedé casi veinte años. Durante ese tiempo, Codere pasó de ser una empresa familiar a ser un grupo multinacional del juego con más de 20 000 empleados e ingresos anuales de más de 12 000 millones de dólares. Y yo no solo formé parte de él, sino que disfruté de su desarrollo empresarial y su crecimiento internacional gracias a los resultados que obtuve al crear un círculo personal cercano.

Más allá de estas relaciones, considero que tengo muchos mentores del mundo digital e impreso. Gracias a libros, pódcasts, películas basadas en hechos reales (mis favoritas) y otras formas de medios de comunicación, he aumentado enormemente mis conocimientos y mi perspectiva de la vida. Si escuchas con atención, puede que encuentres el mensaje que necesitas para resolver un problema o avanzar.

Cuando pienses y elijas tu propio círculo, te animo a que busques a otros que sean reflexivos y sabios. Mantente cerca de aquellos que tienen una gran perspicacia e intuición. Reduce en tu vida el número de individuos tóxicos o que no te ayudan en este momento.

Aunque parte de lo que te ocurra podría basarse en la suerte, en su mayoría el resultado depende de las decisiones tomadas. Si estás rodeado de individuos que van por el mal camino, como la drogadicción u otros hábitos poco saludables, podrías caer en la misma trampa. En su lugar, busca personas que compartan las siguientes filosofías de vida.

Sabiduría e intuición

Cada estación tiene su belleza

El año tiene cuatro estaciones. Tu vida —y algunos días— también tienen estaciones.

No tengas prisa, no te preocupes

Si tienes prisa, te perderás lo maravilloso del ahora.

Todas las cosas suceden por una razón

La mayoría de las veces no podemos comprender el porqué. Pero por impotentes que seamos ante lo que nos ocurre en la vida, tenemos la capacidad de elegir cómo responder.

No te lo tomes como algo personal

Evita alimentar tu ego y despierta tu esencia. El ego es defensivo, la esencia proactiva.

Los periodos de calma entre las dificultades hacen que la vida sea bella

Aprende a apreciar los periodos buenos porque los dolorosos también surgen.

Sé agradecido, siempre

Da gracias cada noche por las cosas que tienes en tu vida. No des por sentado lo básico; muchos otros no lo tienen.

Busca la colaboración

Cuando tengas ideas que quieras desarrollar, pregunta y colabora con otros. Las nuevas aportaciones pueden ayudarte a llevar tu visión original al siguiente nivel.

Siempre hay algo positivo en cada dificultad

Y luz al final de cada túnel.

Detrás de las nubes más oscuras y las tormentas brilla el sol radiante

Sé paciente y acepta lo inesperado.

No hay nada bueno ni malo, pero el pensamiento lo hace así (William Shakespeare)

La idea es que nuestras interpretaciones son más importantes que las cosas que experimentamos. Lo que piensas sobre tus experiencias es más importante que las propias experiencias, así que utiliza bien tu pensamiento y, si es necesario, cambia tu forma de pensar. Después, cambia tu forma de actuar. Elon Musk tomó nota de la cita de Walter Isaacson: «Como nos enseña Shakespeare, todos los héroes tienen defectos, algunos trágicos, otros conquistados, y los que arrojamos como villanos pueden ser complejos»[9].

No se trata del destino, sino de la trayectoria

Puede que nunca lleguemos al destino deseado. Aun así, podemos disfrutar del camino y del ahora.

Tus raíces son tus principios y valores

Elígelos sabiamente, pues de ellos dependerán tus frutos y tus flores.

---

9   Musk, Elon and Walter Isaacson. *Walter Isaacson Quotes*. Goodreads.com. https://www.goodreads.com/quotes/11907582-as-shakespeare-teaches-us-all-heroes-have-flaws-some-tragic

Haz lo que te haga feliz

Sé amable y evita hacer daño a los demás. Recuerda la recomendación de Thich Nhat Hanh: «El futuro se está haciendo del presente, así que la mejor manera de cuidar del futuro es cuidar del momento presente»[10].

El viaje de la vida es un maratón, no un *sprint*

La vida es como una larga carrera de obstáculos plagada de altibajos, imprevistos y aprendizaje constante. Sabiendo que después de cada tormenta siempre llega la calma, ¡disfruta de cada etapa!

Carpe diem

Séneca dijo: «Pongámonos, pues, en marcha con todo el corazón, dejemos a un lado nuestras muchas distracciones y esforcémonos en este único propósito, antes de que nos demos cuenta demasiado tarde de la rápida e imparable huida del tiempo y nos quedemos atrás. Cuando surja cada día, acógelo como el mejor de todos y hazlo tuyo. Hay que aprovechar lo que huye»[11].

Lee mucho

La persona que serás dentro de cinco años dependerá de la gente que conozcas y de los libros que leas. Todos los libros de formación amplia no solo se amortizan muchas veces, sino que además ampliarán tu mente y tus conocimientos. Warren Buffet atribuye su éxito al mero hecho de leer y pensar.[12] Emula su ejemplo.

---

10 Hanh, Thich Nhat. *Thich Nhat Quotes*. Goodreads.com. https://www.goodreads.com/quotes/8587718-the-future-is-being-made-out-of-the-present-so. Last accessed January 17, 2024.

11 Eisley, Dave. *The Discipline of Action*. October 27, 2017. LinkedIn. https://www.linkedin.com/pulse/discipline-action-dave-eisley-/?trk=pulse-article_more-articles_related-content-card

12 Schwantes, Marcel. *Warren Buffet: What Separates Successful People from the Pack Really Comes Down to 1 Mental Habit*. January 6, 2024. Inc.com. https://www.inc.com/marcel-schwantes/warren-buffett-what-separates-successful-people-from-pack-really-comes-down-to-1-mental-habit.html

Lleva una vida de aprendizaje

Edúcate constantemente y busca la sabiduría de generaciones anteriores. Añadir nuevas habilidades y experiencias te hará más valioso. Recuerda que el propósito de la educación no es el conocimiento, sino la acción, y que la mejor manera de aprender algo es enseñarlo.

Cuanto mayor es la lucha, mayor es la oportunidad

Cuanto mayor es el riesgo, mayor es la ganancia. Cuanto mayor sea el coste, mayor será el beneficio. Aprovecha al máximo cada reto y dificultad, porque cuanto más incómodo te sientas, más aprenderás. La vida es como una ruleta en la que te dan un número limitado de fichas y una vez que colocas una ficha, no puedes recuperarla. De hecho, nunca te vas con las fichas en la mano, así que elige tus apuestas y gasta esas fichas sabiamente.

En caso de duda, sigue a tu corazón y a tu intuición

Si no puedes recurrir a datos o consejos objetivos, enfréntate al silencio y escucha tu esencia. Para los árabes, el silencio es el muro de la sabiduría.

Aprende el silencio de los charlatanes, la tolerancia de los intolerantes y la amabilidad de los antipáticos

¿Cómo identificar a la persona más inteligente o sabia de la sala? Busca a la más amable.

Hablando de habitaciones, si eres el más listo en ella, estás en la equivocada. En caso de duda, sé humilde y asume que eres el menos listo. Busca las aportaciones del resto del grupo para fomentar tu propio aprendizaje.

Todos somos uno

Según Albert Einstein, «nuestra separación de los demás es una ilusión óptica».[13] Y como decía Máximo Gorki, «todo parece sencillo y

---

13 Einstein, Albert. *Albert Einstein Quotes*. Goodreads.com. https://www.goodreads.

cercano»[14]. No olvides tampoco un enfoque más desenfadado: detente y acaricia a un perro o un gato cuando te lo encuentres por la calle.

Cultiva las cuatro virtudes cardinales del estoicismo

No hay problema o reto tan grande que no pueda mejorarse con estas cuatro virtudes: valor, justicia, autocontrol y sabiduría. En todos nuestros tratos en la vida, debemos ser valientes, debemos ser justos, debemos ser disciplinados y, sobre todo, debemos ser sabios. Hazte responsable de tus actos y tómate tiempo para reflexionar a diario.

Después de cada día, pregúntate «¿Qué he hecho bien hoy? ¿Cómo puedo hacerlo mejor mañana?». Si te examinas con regularidad y reflexionas sobre tus actos, serás más consciente de ti mismo y estarás más dispuesto a vivir con virtud.

Con relación al autocontrol, me hizo gracia esta explicación de Dave Ramsey: «Mejorar físicamente o ganar dinero es un 80 % autocontrol y un 20 % conocimiento. El problema no es lo que hay que hacer, sino hacerlo. La mayoría sabemos qué hacer, pero no lo hacemos. Si puedo controlar al tipo del espejo, puedo ser flaco y rico».[15]

Un jardín no es para mostrarse

Como nos dejó escrito Epicteto en sus discursos, «si el grano brota antes de que el tallo esté completamente desarrollado, nunca madurará. Esa es la clase de planta que eres, que muestra el fruto demasiado pronto, y el invierno lo matará»[16].

---

com/quotes/169344-our-separation-from-each-other-is-an-optical-illusion. Last accessed January 17, 2024.

14 Gorky, Maxim. *Maxim Gorky Quotes*. FancyQuote.com. https://quotefancy.com/quote/2246259/Maxim-Gorky-Everything-seems-simple-and-near-Then-all-of-a-sudden-I-cannot-understand. Last accessed January 17, 2024.

15 Ramsey, D. (2013). *The Total Money Makeover: Classic Edition*. Thomas Nelson. http://books.google.ie/books?id=5V5_IzjHOdsC&printsec=frontcover&dq=%22The+Total+Money+Makeover:+Edici %C3 %B3n+cl %C3 %A1sica:+A+Proven+Plan+for+Financial+Fitness %22&hl=&cd=1&source=gbs_api

16 Carvajal, Ignacio Nieto. *A Garden Is Not For Show*. September 15, 2018. Daily Stoic. https://micropreneur.life/a-garden-is-not-for-show/

Transforma los cinco principios del Dojo Kun en tu filosofía de vida

Desde que me uní a los senséis de mis amigos en dojos de todo el mundo, los dos momentos que más disfruto de estos encuentros son el principio y el final de cada entrenamiento, ya que siempre empezamos y terminamos meditando y recordando los principios del Dojo Kun del kárate Shotokan. Estos son: buscar la perfección del carácter, ser fiel, esforzarse por la excelencia, respetar a los demás y abstenerse de comportamientos violentos. Piensa creativamente en cómo puedes aplicar cada uno de ellos a todos los ámbitos de tu vida y conviértelos en tu filosofía vital.

Escucha música diferente, lee más categorías de libros, aprende de otras culturas

Aún recuerdo los interesantes refranes que aprendí de mis amigos chinos cuando vivíamos en Indonesia y Singapur. He aquí algunos de ellos:

- El tigre ruge, el viento se levanta.

- Por muy alta que sea la montaña, no puede aplastar al sol.

- El agua no se purifica simplemente cambiando su curso.

- En un melonar, no te ates las sandalias (sospecharán que recoges melones); bajo un ciruelo, no te ajustes la gorra (sospecharán que recoges ciruelas).

- Si quieres ser feliz durante una hora, échate una siesta. Si quieres ser feliz durante un día, vete a pescar. Si quieres ser feliz durante un año, hereda una fortuna. Si quieres felicidad para toda la vida, ayuda a alguien.

- Un poco de impaciencia echará a perder grandes planes.

- El zapato desgasta al calcetín, el calcetín no puede desgastar al zapato (tampoco tiene mucho sentido para mí, ¡solo pruebo si estás prestando atención!).

De nuestros compañeros coreanos aprendí el concepto de *nunchi*, que significa literalmente 'lectura ocular y corporal' y hace hincapié en la importancia de las expresiones faciales y el lenguaje corporal para hacerse una idea completa de lo que la gente quiere decir realmente o para motivarla.

CAPÍTULO 3

Mejorar la sociedad persona a persona

Tu currículum está hinchado de medias verdades, falsos elogios, exageraciones y logros sin fundamento. Me gustaría contratarte para redactar nuestro informe anual

Cuando empezaba la escuela de joven, me di cuenta de algo. Podía correr como los demás y trepar a los árboles junto a ellos. Sin embargo, a la hora de leer, parecía que los otros niños eran capaces de descifrar las palabras con facilidad. Yo no.

Tenía dislexia, aunque de niño no entendía exactamente esta dificultad ni sus síntomas. Lo que sí sabía era que yo también quería leer. Además de mis amigos del colegio, vivía en una familia donde la alfabetización y la literatura eran muy valoradas. Mi padre era un periodista deportivo muy conocido y mi madre trabajaba en el mundo editorial.

Mientras que la lectura era algo natural para muchos, parecía que yo tendría que hacer un esfuerzo adicional para dominarla. Probé distintas estrategias para que las palabras del papel aparecieran con claridad en mi mente. En un momento dado, sostuve un texto al revés y descubrí que así podía identificar mejor las palabras. Al final, di el 120 % y acabé aprendiendo a leer, tal y como soñaba.

Hoy, la lectura forma parte de mi rutina diaria y valoro la oportunidad de aprender de una gran variedad de autores. Animo a mi familia a continuar con esta importante tradición de la lectura, que conduce a la educación. Y crecer en conocimientos, a su vez, es una forma de contribuir a mejorar la sociedad. Colectivamente, si buscamos formas de aprender, podemos crear mejores sistemas, economías más fuertes y un lugar mejor para la próxima generación.

A través del dilema de la lectura en mi infancia, llegué a reconocer que tenía que dar mi 120 % solo para estar en la media. Sin embargo, en lugar de deprimirme por ello, he utilizado un concepto similar en otros ámbitos de la vida y los negocios. A veces tenemos que trabajar más que los demás para obtener un resultado. En esos casos, siempre me pregunto si merece la pena. A mí, aprender a leer me abrió puertas de oportunidades durante toda mi infancia y hasta bien entrada mi carrera. No me arrepiento de haber dedicado tanto tiempo y energía a adquirir esa habilidad.

Por eso, ahora tengo un símbolo que me gusta usar, que es Đ.

Me explico. Leyendo el texto en español, Đ es algo así como «da más» (junto con algunas otras connotaciones). Me recuerda que siempre debo dar lo mejor de mí, y para ello llevo un registro de mis KPI empresariales y financieros que son importantes para mí. Sobre todo, busco formas de influir positivamente en el mayor número posible de personas a través de mi vida y mi carrera (lo que alude al signo + o más). El símbolo refleja incluso el enfoque que quiero adoptar. La parte recta de la D refleja el deseo de estar siempre erguido y tener una buena postura. La parte curva de la letra indica tener una sonrisa o abordar todo con un poco de diversión.

Te animo a que hagas lo mismo. Tanto si creas tu propio símbolo que tenga significado y guíe tu vida como si simplemente escribes lo que es importante para ti, dedicar algo de tiempo a centrarte en las formas en que puedes aprender y mejorar puede ayudarte a llegar muy lejos. Podrás tomar decisiones mejores y más racionales, estarás atento para dar lo mejor de ti, aunque eso signifique trabajar más que los demás. Y, sobre todo, si todos ponemos de nuestra parte, podremos contribuir a la sociedad y tener un impacto duradero.

En las siguientes secciones, he incluido algunos consejos y estrategias para medir y mejorar el rendimiento de tu empresa, junto con directrices para aumentar tu persistencia y fijar objetivos. Al leerlos, pregúntate si los aplicas actualmente en tu vida. Quizá descubras que ya llevas a cabo alguna variación de algunos de ellos, pero que aún podrías añadir otros a tu vida cotidiana. Al fin y al cabo, leyendo y compartiendo podemos mejorar juntos.

Medir y mejorar el rendimiento empresarial

Cómete primero la rana

Empieza cada día realizando la tarea más incómoda.

Para mejorarla, mídela

La única forma de progresar es medir tu trabajo de vez en cuando (en lo personal y en lo profesional). Crea tu cuadro de mando con tus propios KPI. En los negocios, céntrate especialmente en medir y mejorar la experiencia y satisfacción del cliente para impulsar el éxito empresarial duradero. Como dijo Michael Dell: «Lo que se mide, se hace»[17.]

Escribe una visión

No puedes llegar a un destino sin antes identificarlo. Tu realidad será el resultado de tu visión. Una vez escrito, detalla objetivos, pasos y tareas específicas. Fija fechas de finalización para cada uno de ellos. No olvides que es un proyecto para toda la vida, así que no tengas prisa, pivota si es necesario y diviértete con él.

Estar en la carrera es más importante que ganarla

Está bien ganar, pero llegarás mucho más lejos aprendiendo de tantas carreras como sea posible, así como utilizando el fracaso como combustible para tu próxima mejora.

Para progresar, acostúmbrate a cometer errores y a participar en equipo

Con cada fracaso surge una gran oportunidad. En lugar de frustrarte y rendirte cuando fracasas, averigua en qué debes mejorar y toma las medidas necesarias para no volver a cometer el mismo error. Como dice el proverbio africano: «Si quieres ir rápido, ve solo. Si quieres llegar lejos, ve acompañado». Y como afirmó Sam Walton: «Los individuos no ganan, lo hacen los equipos»[18].

El éxito es siempre colectivo

En el libro *El código de la cultura: los secretos de los equipos más exitosos del mundo*, su autor, Daniel Coyle, visita diversos equipos a

---

17 *Progress Made Real: How we developed our most ambitious Cultivating Inclusion 2030 goals*. 2020. Dell Technologies. https://www.delltechnologies.com/content/dam/delltechnologies/assets/corporate/pdf/progress-made-real-reports/dell-technologies-cultivating-inclusion-goals-case-study.pdf

18 *Sam Walton Quotes*. QuoteFancy.com. https://quotefancy.com/quote/1459192/Sam-Walton-Individuals-don-t-win-in-business-teams-do#:~:text= %E2 %80 %9CIndividuals %20don't %20win %20in %20business %2C %20teams %20do. %E2 %80 %9D,- %E2 %80 %94 %20Sam %20Walton. Last accessed January 17, 2024.

lo largo de cuatro años. Identifica lo que hace que algunas culturas empresariales/organizacionales tengan éxito y otras fracasen. Según sus conclusiones, las tres habilidades básicas necesarias para desarrollar equipos de gran éxito son: 1) crear seguridad para generar vínculos de pertenencia e identidad; 2) compartir la vulnerabilidad para impulsar la confianza y la cooperación; y 3) establecer un propósito para construir a partir de objetivos y valores compartidos.[19]

Aprende de los errores y descubrimientos de los demás

Sea cual sea tu objetivo en la vida, hay alguien ahí fuera que ha recorrido un camino similar y ha tomado notas.

Comienza y termina las reuniones a tiempo

Y prepárate para cualquier reunión. Nunca vayas a un encuentro o a una fiesta con las manos vacías; ten algo valioso que añadir, o un detalle como una botella o flores para regalar. Para establecer conexiones auténticas con la gente, averigua quiénes son o cuáles son sus pasiones e intereses antes de quedar. Consulta sitios como LinkedIn u otras redes sociales para saber más. Nunca termines las reuniones sin puntos de acción, aunque solo sean tareas personales.

Celebra cada pequeño avance

Tendemos a centrarnos en los grandes hitos y a pasar por alto el valor de las pequeñas victorias a lo largo del camino. Incluso los logros más pequeños son dignos de reconocimiento y celebración. Además, reconocer, agradecer y celebrar estos progresos fortalece nuestras relaciones con los demás.

El punto débil más común de los vendedores es que no están suficientemente preparados

No conocen los elementos personales, aficiones y puntos de dolor o necesidades del cliente. Además, en algunos casos, no tienen la

---

19   Coyle, Daniel. *The Culture Code*. DanielCoyle.com. https://danielcoyle.com/the-culture-code Last accessed January 17, 2024.

suficiente confianza o agresividad para preguntar por una venta o por el motivo de un no.

Pregunta y escucha. Evita juzgar o criticar

Por ejemplo, durante las revisiones de rendimiento, pregunta a los miembros del equipo qué opinan de su actuación. Si escuchas proactivamente, identificarán sus lagunas y aprenderán a través de sus propias respuestas. Del mismo modo con los niños; siempre que los castigamos, los privamos del proceso interior crítico de enfrentarse a su propio mal comportamiento. Pregúntales y dales tiempo para pasar por este proceso. El mundo nos dice en voz alta y con frecuencia lo que percibe como malo de nosotros. Por eso, una de nuestras responsabilidades como padres es decir a nuestros hijos todo lo que hacen bien para alimentar su autoestima, ya que sentirse confiado y seguro es esencial para el éxito.

Por cierto, aprovecho para reconocer que cometí muchos errores con mis hijas. Después de sus primeros años, leí que debería haberlas escuchado con atención plena y haber dejado lo que estuviera haciendo para centrarme en ellas con un silencio comprensivo en lugar de vomitar soluciones de inmediato. Debería haber reforzado esos muchos comportamientos positivos de los que estaba tan orgulloso, pero que nunca reconocí. Así que, a mis hijas, siento no haberos elogiado tanto como debería y no haber compartido con vosotras todos esos momentos en los que me impresionasteis y me hicisteis sentir orgulloso con vuestras muchas buenas acciones, fortalezas y virtudes.

Persistencia y fijación de objetivos

Siempre puedes esforzarte un poco más de lo que crees

Cuando tu cuerpo no puede más, tu mente y tu alma sí. Siempre que tu mente está agotada, tu alma tiene un excedente de energía. Mis colegas de *krav maga* me recuerdan constantemente la regla del 40 % de los Navy SEAL: Cuando tu mente te dice que estás agotado, frito, exhausto y al límite, en realidad solo has llegado al 40 % de tu capacidad. ¡Todavía te queda el 60 % del tanque! Me gusta pensar en la atleta Diana Nyad, que a los 60 años se embarcó en un sueño casi imposible. Quería nadar de Cuba a Florida, a través de más de 160 kilómetros de mar abierto. Lo consiguió, y después dijo a los demás que nunca se rindieran, que nunca se es demasiado viejo para cumplir los sueños y que se necesita un equipo.

Sigue adelante, aunque sea difícil

Sufrirás, así que elige algo por lo que merezca la pena sufrir.

Establece un plan si quieres perder peso

Si deseas libertad física y quieres prevenir problemas de salud derivados de malos hábitos, desarrolla una rutina de alimentación sana y ejercicio regular. Como dice Tony Robbins: «No es cierto que saltarse el desayuno te haga perder peso, pero saltarse la cena puede ayudar en ese sentido». Y añade: «Se tarda más de un día en engordar. Tardaremos más de un día en quitarnos ese peso»[20].

Piensa a lo grande

Como dijo Azim Premji: «Si la gente no se ríe de tus objetivos, tus objetivos son demasiado pequeños»[21].

Si apuntas a demasiados objetivos, fallas todos

O como dijo Confucio: «Quien persigue dos conejos, no atrapa ninguno»[22].

Por otro lado, identifica tus objetivos cuanto antes. Cuando el doctor Bell preguntó a un grupo de estudio de 4000 ejecutivos jubilados con una edad media de setenta años qué harían de forma diferente si pudieran volver a vivir su vida, la respuesta más común fue: «Debería haber tomado las riendas de mi vida y haber fijado mis objetivos antes»23.

---

20 Robbins, Tony. *The Holy Grail of Investing*. Simon & Schuster, 2024.
21 Premji, Azim. *Azim Premji Quotes*. Goodreads.com https://www.goodreads.com/quotes/3702226-if-people-are-not-laughing-at-your-goals-your-goals
22 Confucius. *Quotes by Confucius*. Goodreads.com. https://www.goodreads.com/quotes/8688305-the-man-who-chases-two-rabbits-catches-neither
23 John Chancellor, *El estudio de los 4000*, Teach the Soul, 10 de mayo de 2021, http://

La raíz de tu éxito es tu rutina diaria o semanal

Cambiarás tu vida en cuanto cambies algo crítico que haces a diario (o en algunos casos, en cuanto cambies tu forma de pensar o creencias que te están aprisionando o agobiando). Dar un paso en la dirección correcta de forma constante ejemplifica por qué es más importante centrarse en la dirección que en el resultado. Si te centras en hacer una pequeña cosa bien de forma constante, los resultados se notarán. De acuerdo con Thomas Nelson, «el secreto de tu futuro se esconde en tu rutina diaria. No es lo que haces ocasionalmente lo que da forma a tu vida, sino lo que haces sistemáticamente»[24].

Si te falta concreción, te faltará progresión

Define claramente tus objetivos a largo plazo, incluidos aquellos deseos a mayor escala que puedes satisfacer con el tiempo. Por ejemplo, puedes soñar con viajar por el mundo, formar una familia o crear una empresa. Al igual que las estrellas, esta forma de atención ilumina la dirección de movimiento que has elegido.

Esfuérzate por alcanzar la meta lo mejor que puedas

Como dijo S. Mcnutt: «En la vida, lo único que puedes controlar es tu esfuerzo y tu actitud. Todo lo demás no depende de ti»[25].

Conviértete en más para tener más

El éxito es algo que atraes por la persona en la que te conviertes.

Lucha con resiliencia inteligente y sé consciente de que la vida es una montaña rusa

Disfrútala. En este universo no hay líneas rectas ni atajos. Recuerda lo que Muhammad Ali señaló en una entrevista: «Odio cada minuto

---

www.teachthesoul.com/2021/05/the-study-of-4000/

24 *The Alone Advantage: 10 Behind-the-Scenes Habits That Drive Crazy Success.* Thomas Nelson.

25 Mcnutt, S. *S. Mcnutt Quotes.* Goodreads.com. https://www.goodreads.com/quotes/11634219-in-life-the-only-two-things-you-can-control-are

de entrenamiento, pero me dije: "No renuncies". Sufre ahora y vive el resto de tu vida como un campeón»[26].

La paciencia es un buen ingrediente de cualquier receta

Algunos procesos llevan su tiempo y no pueden precipitarse, especialmente la inversión en valor. La paciencia también fomenta la sensación de calma y resistencia. Nos permite abordar las situaciones con una perspectiva sensata, tomar mejores decisiones y evitar acciones impulsivas. Además, recuerda el libro de Jonathan Haidt *La hipótesis de la felicidad*. En él nos plantea que nuestro cerebro es un jinete y un elefante, el jinete representa la racionalidad y el elefante la emocionalidad. El jinete es lento y racional, mientras que el elefante es impulsivo y emocional[27]. Identifica quien está al mando antes de toda decisión.

Pídelo

El *Just do it* de Nike es uno de los mejores lemas en términos de proactividad. Para obtener resultados, animo a «solo pedir». Nueve de cada diez veces recibirás un no a tu petición. Sin embargo, las pocas veces que oigas un sí, merecerá la pena.

No te emociones, concéntrate

Las emociones que experimentamos pueden ser agradables o desagradables, de alta o baja energía. Cuando aprendemos a gestionarlas adecuadamente, nos damos la oportunidad de experimentar la vida al máximo. Amplía tu vocabulario emocional para no confundir una emoción con otra y expresa estos sentimientos para poder disfrutar de una verdadera libertad espiritual. Habla de ellos con un amigo o alguien de confianza, o puedes liberar tus sentimientos reprimidos a través de la escritura. Evita ponerte a la defensiva y adopta la superación personal. En lugar de desviar las críticas o poner excusas, muéstrate abierto a la autorreflexión y al crecimiento. Ignora, en la medida de lo posible, las emociones irrelevantes que surgen y con

---

26 Ali, Muhammed. *Muhammed Ali Quotes*. BrainyQuote.com. https://www.brainyquote.com/quotes/muhammad_ali_148629 Last accessed January 17, 2024.

27 https://es.wikipedia.org/wiki/La_hip%C3%B3tesis_de_la_felicidad

las que es tan fácil distraerse. Rodéate de influencias positivas que te ayuden a mantenerte motivado y centrado en tu objetivo. Además, vive el momento presente y participa en actividades que te aporten alegría y satisfacción.

¿Qué clase de boxeador eres?

Como señaló Mike Tyson, «los planes solo duran hasta que te dan un puñetazo en la cara»28. ¿Vas a abandonar el *ring* de boxeo en cuanto recibas los primeros golpes? Además, Marco Aurelio afirmó: «El arte de vivir se parece más a la lucha libre que a la danza, porque una vida artística requiere estar preparado para afrontar y resistir ataques repentinos e inesperados»29. Entrénate a ti mismo y a tu mente para adaptarte a cualquier circunstancia. No necesitas tener la respuesta para cada pregunta o contingencia. Adáptate y cambia con las circunstancias, sé resistente en lugar de rígido, céntrate en la estrategia más que en la táctica.

Siempre hay más margen de maniobra del que se pensaba en un principio

¿Recuerdas cuántas veces creíste que ibas a suspender el examen… pero conseguiste una nota decente? Replantea el problema, desafía algunas reglas o limitaciones percibidas, encuentra un problema mejor que resolver o descubre caminos que se te habían pasado por alto. Siempre hay más opciones de las inicialmente previstas.

Cualquiera puede tener suerte, solo unos pocos perseveran

«Dios favorece a los tontos», dice el refrán. Es cierto que cualquiera puede tener suerte, pero solo quienes perseveran en las dificultades, el trabajo duro y la honradez son dignos de admiración y emulación.

---

28 Luxenberg, Ivan. *Stoic Lessons on Mental Health.* January 28, 2021. LinkedIn. https://www.linkedin.com/pulse/stoic-lessons-mental-health-ivan-luxenberg/

29 Daily Stoic. "Be Prepared for Sudden Attacks." DailyStoic.com. https://dailystoic.com/be-prepared-for-sudden-attacks/

No te rindas nunca

Lento y constante se gana la carrera. No esperes una gratificación instantánea cuando persigas tu objetivo; estás en ello a largo plazo. La recompensa llegará de muchas maneras, y será duradera. Como dice el proverbio turco: «No hay montaña sin niebla, ni hombre de mérito sin calumniadores».

Si no tienes nada interesante que compartir, no llames. Si lo tienes, llama cien veces

Nunca llames a un cliente potencial solo para tomarle un pedido. Espera a tener algo útil o informativo que compartir.

Preparado, dispara, apunta

En caso de duda, pasa a la acción. Puedes aprender probando algo. Con eso basta. Cualquier acción es útil aunque no sea perfecta. La práctica constante es la clave para mejorar.

No se acaba hasta que se abandona

Los ganadores no se rinden cuando las cosas no salen como ellos quieren, sino que cambian de estrategia hasta que lo consiguen. Retrasar la gratificación aumenta tu nivel de autoconciencia y humildad. Y como dijo el general del ejército estadounidense Douglas MacArthur: «La edad arruga el cuerpo. Dejar de fumar arruga el alma»[30].

Emula a la tortuga, no a la liebre

No compitas contra los demás, compite contra ti mismo. La clave está en dar pasos firmes mirando hacia delante y disfrutar del viaje que es la vida. Lo que cuenta es el viaje, no el destino. La vida es un tesoro, no una búsqueda del tesoro.

---

[30] MacArthur, Douglas. *Douglas MacArthur Quotes*. Goodreads.com. https://www.goodreads.com/author/quotes/317613.Douglas_MacArthur. Last accessed January 17, 2024.

Si das un paso atrás, pronto darás dos hacia delante

El progreso no es un proceso suave y continuo. Implica periodos de avance rápido seguidos de periodos de consolidación o incluso de regresión. Si miro atrás en mi vida, observo un patrón de progreso que incluye tanto avances como retrocesos y retos que, a la larga, condujeron a un mayor avance. Recuerda que alcanzar un objetivo no siempre es un camino recto.

CAPÍTULO 4

El poder de encontrar un propósito

"Everyone has a purpose in life. My purpose is to say NO whenever you ask for money."

*Todo el mundo tiene un propósito en la vida.
Mi propósito es decir NO siempre que me pidan dinero*

Cuando pienso en el propósito, inmediatamente me vienen a la mente tres palabras. La primera es «ilusión», en términos de vivir la vida con un enfoque entusiasta y positivo. La segunda es «crecimiento», ya que puedes aprovechar toda tu vida para aprender y hacerte más sabio. La tercera y última palabra es «realización», porque si estás utilizando tus talentos en tu vocación, probablemente sentirás más satisfacción.

Si has encontrado tu propósito en la vida, normalmente verás que estos tres conceptos están presentes. Estarás libre de muchos de tus miedos y deseos anteriores, tendrás más energía, te entusiasmará adquirir nueva información y te alegrará cumplir con tus obligaciones. Probablemente serás más resistente, ya que te resultará más fácil superar los retos y superar los altibajos. Estarás motivado para llevar a cabo lo que es importante para ti. Tener un propósito también puede reducir los niveles de estrés y mejorar la salud física y mental.

En mi caso, mi propósito siempre ha sido tener un impacto social positivo, idealmente transgeneracional. He viajado por todo el mundo y he aprendido de diferentes culturas. He observado cómo actúa la gente y qué es importante para ella. He optado por emprender negocios basándome en cómo sus modelos pueden ayudar a la gente hoy y mañana. Por ejemplo, el nombre de mi empresa Savia Capital parte de las siglas de Smarter Alternative Value-Added Investing Active Fund. A través de Savia, estamos ayudando a la gente a hacer un uso inteligente, pero también de impacto positivo, de sus ahorros. Les estamos mostrando que con nuevas tecnologías como la cadena de bloques, las finanzas descentralizadas y la inteligencia artificial —que trataremos en profundidad más adelante—, las personas pueden invertir de formas nuevas y más inteligentes; sin tener utilizar un banco, pagar comisiones elevadas o ver denegado su acceso por su nivel de ingresos. En lugar de eso, pueden tener mayor flexibilidad en el uso de sus ahorros y obtener mayor rentabilidad y liquidez de sus inversiones.

Cuando miro atrás, una de las facetas profesionales de las que me siento más orgulloso es la del crecimiento que tuvo Codere durante los diez años anteriores a su salida a bolsa, lo que nos permitió utilizar el eslogan 101 × 0, ya que multiplicamos por diez, en esos diez años, los ingresos, los beneficios y, sobre todo, el número de empleados. Como empresa familiar, Codere llegó a emplear a más de 21 000 trabajadores e impactó positivamente en sus familias, la mayoría de ellas procedentes de América Latina.

También disfruté especialmente fundando la Fundación Codere; y más tarde, como presidente de Intralot, seguí asesorando a congresistas y senadores para regular de forma responsable los nuevos productos de apuestas deportivas y loterías y dedicar todos los impuestos que se obtienen de estos a becas de estudios.

Generar un impacto social positivo es lo que me motiva cada día a levantarme y seguir mis rutinas y hábitos para tener la mentalidad adecuada. Trabajo para ser productivo con mi tiempo y dar siempre lo mejor de mí. Si puedo ayudar a otras personas a invertir de nuevas formas que les proporcionen mayores rendimientos, podrán acceder a más oportunidades de educación y empleo, y devolverlo gracias a esta nueva paz o independencia financiera; podrán tomar decisiones más inteligentes para sus ahorros y mejorar su situación financiera. Al hacerlo, también podrán liberar su tiempo y dedicarse a otras actividades que les gusten o simplemente disfrutar de más tiempo de calidad con sus seres queridos.

Si has identificado su propósito en la vida, puedes leer las siguientes secciones para encontrar consejos adicionales. Quizás puedas modificar tu horario o filosofía actuales. Si aún no has encontrado tu propósito, las citas pueden ayudarte a encontrar ideas. Puede que, como a mí, te atraiga ayudar a los demás y marcar la diferencia para las generaciones futuras. En cualquier caso, recuerda que cuanto más alto desees el edificio, más profundos deben ser los cimientos.

Fe y espiritualidad

Este es el Dojo Kun, una afirmación verbal que siempre recitamos en nuestro dojo al principio y al final de cada sesión.

Dios no exige nada de ti

Deshazte de la idea de que puedes asegurarte el favor de Dios mediante el sacrificio.

El amor de Dios es infinito e incondicional

Como en la parábola del hijo pródigo, siempre hay un camino de vuelta, y Él siempre estará ahí para darte la bienvenida.

Pide y se te dará

Pedir ayuda no te hace débil; al contrario, demuestra tu fuerza interior. Y como reza la Biblia: «Llama a la puerta de Dios y Él te abrirá».

Memento mori

Esta frase latina significa 'recuerda que morirás'. No des por sentados tus días y utiliza tu tiempo sabiamente.

No esperes nada de los demás

Estamos aquí para servir, no para que nos sirvan. Disfruta de cómo puedes influir positivamente en cada vez más personas con pequeños detalles como sonrisas y elogios sinceros.

Perdónalos, ellos no lo saben

Como dijo Jesús: «Padre, perdónalos, porque no saben lo que hacen» (Lucas 23:34)[31].

Un día todo tendrá sentido

Como nos recuerda Epicteto en sus discursos: «Siempre que te encuentres culpando a la providencia, dale la vuelta en tu mente y verás que lo que ha ocurrido está dentro de lo razonable»[32].

La fe no es creer lo que no vemos, es esperar lo que no vemos

Los escépticos dicen: «Lo creeré cuando lo vea». Los creyentes afirman: «Lo veré cuando lo crea».

Dar un salto de fe es beneficioso para todos

Toma medidas que den miedo para mejorar tu situación financiera. Si lo consigues, bien por ti. Y si no, también: aprenderás la lección. Eso es mucho mejor que quedarte atrapado en tu zona de confort. De hecho, en algunos casos, es mejor saltar sin red de seguridad que vivir en la inacción.

---

31 Luke 23:34. https://www.unity.org/bible-interpretations/luke-2334-then-jesus-said-father-forgive-them-they-do-not-know-what-theyre

32 Carvajal, Ignacio Nieto. "One Day It will All Make Sense." March 13, 2018. Micropreneur Life. https://micropreneur.life/daily-stoic-march-13th-one-day-it-will-all-make-sense

Vive celebrando que Dios está dentro de ti

No juzgues a nadie y reza por los demás. Y recuerda que «no todo el éxito se debe al trabajo duro, y no toda la pobreza se debe a la pereza. Tenlo en cuenta a la hora de juzgar a la gente, incluido a ti mismo»[33].

Un alma fuerte es mejor que la buena suerte

Entrenar tu alma para cualquier tipo de suerte, estar preparado y robusto para los duros inviernos de la vida; ese es el secreto de los más fuertes. De igual modo, ver el lado positivo de lo que te pasa también se entrena.

Tu alma está a salvo

Encuentra la paz y la estabilidad en tu interior y busca el camino que te traiga la plenitud.

Dios te cubre las espaldas

Como nos recuerda Apollon Maykov, «cuanto más oscura es la noche, más brillan las estrellas; cuanto más profundo es el dolor, más cerca está Dios»[34].

Se trata de hacer brillar los ojos

Hacer algo digno de Él. Idealmente, una acción masiva en línea con su plan.

Nunca fallas las pruebas de Dios. Sigue haciéndolas hasta que las apruebes

Vive según sus normas, en lugar de las de la sociedad.

---

33 Housel, M. (2021). *La psicología del dinero*. Editorial Planeta. http://books.google.ie/books?id=Y-IzEAAAQBAJ&printsec=frontcover&dq= %22La+psicolog %C3 %ADa+del+dinero:+de+Morgan+Housel&hl=&cd=1&source=gbs_api

34 Dahl, Danielle. *70 Late Night Quotes About What Goes On When the Sun Sets*. October 31, 2022. Everyday Power. https://everydaypower.com/late-night-quotes/

> **Prayer for Peace**
>
> Lord, make me an instrument of
> Your peace.
> Where there is hatred, let me sow
> love.
> Where there is injury, pardon,
> Where there is doubt, faith,
> Where there is despair, hope,
> Where there is darkness, light,
> and where there is sadness, joy.
> O Divine Master, grant that I may
> not so much seek to be consoled,
> as to console;
> To be understood, as to understand;
> To be loved, as to love;
> For it is in giving that we receive
> It is in pardoning that we are
> pardoned;
> And it is in dying that we are
> born to eternal life.
>
> St. Francis of Assisi

Esta es mi oración diaria antes de irme a dormir

Propósito de vida

Reserva tiempo para hacer lo que te gusta

Utiliza este tiempo para desconectar de sus deberes y obligaciones. No subestimes la importancia de establecer vínculos estrechos con los demás. Al dedicarte este tiempo, darás a tu propósito vital la oportunidad de emerger.

Encuentra cómo servir a los demás sin que te suponga un sacrificio, sino una diversión

Prueba distintas formas de ser útil a los que te rodean y comprueba qué funciona mejor.

Descubre la verdadera razón de estar aquí y ten el valor de actuar en consecuencia

Y no te preocupes por los resultados.

Has sido llamado a hacer algo que solo tú puedes hacer

Utiliza tus obstáculos y circunstancias para encontrar tu propósito y seguir adelante.

Tu trabajo bien hecho te sobrevivirá. Ese es tu legado

Mi padre, conocido por mis hijas como el abuelito, solía decir que el trabajo era su terapia. El mejor uso de la vida es emplearla en algo que la sobreviva. Al escribir su última columna periodística el día antes de su muerte, nos dejó un ejemplo digno de emulación.

Deja de comprar cosas materiales solo para ocultar tu vida sin sentido

En lugar de eso, dedica más tiempo a pensar en la obra por la que te gustaría que te recordaran cuando hayas muerto. Si sigues buscando, la encontrarás.

Quedarse en el capullo siempre es más doloroso que florecer

Cuanto más actúes sobre tus impulsos, antes encontrarás tu propósito. Nunca es demasiado tarde para ser lo que podrías haber sido. Evita ser la «mayoría de la gente» de la cita de Oscar Wilde: «Vivir es una de las cosas más raras. La mayoría de la gente simplemente existe»[35]. Y ten paciencia, ya que como dice la Biblia, «Hay un tiempo para cada cosa, y un tiempo para cada propósito bajo el cielo» (Eclesiastés 3:1-8)[36].

---

35 Wilde, Oscar. *Oscar Wilde Quotes*. Goodreads.com. https://www.goodreads.com/author/quotes/3565.Oscar_Wilde#:~:text=Oscar %20Wilde %20Quotes&text=Be %20yourself %3B %20everyone %20else %20is %20already %20taken.&text=To %20live %20is %20the %20rarest,people %20exist %2C %20that %20is %20all

36 Ecclesiastes 3:1-8. https://sementesdafe.com/en/bible-trivia/the-time-for-all-things-verse/

Enfrenta el envejecimiento con calma

Como dijo Joseph Murphy: «La edad no es la huida de los años; es el amanecer de la sabiduría en la mente del hombre».

El propósito de la vida es aprender a amar

Sigue el consejo de san Agustín: «Ama y haz lo que quieras», [37] y recuerda encontrar formas de reír o, al menos, de sonreír cada día.

---

[37] Saint Augustine. *Saint Augustine Quotes*. QuoteFancy.com. https://quotefancy.com/quote/905913/Saint-Augustine-Love-and-do-what-you-want-If-you-stop-talking-you-will-stop-talking-with

CAPÍTULO 5

Un camino que conduce al crecimiento

"All of my professors told us the key to success is doing something you love. I love living at home with you and mom."

Todos mis profesores decían que la clave del éxito es hacer algo que te guste. Me encanta vivir en casa contigo y con mamá

Soy muy cuidadoso con la forma en que empleo mi tiempo. Tengo un horario que establece lo que haré durante mis horas de trabajo y muestra cómo pasaré mi tiempo libre. Esto es importante para mí porque sé que para ser lo más productivo posible tengo que centrarme en las tareas adecuadas y más relevantes.

Siempre me ha apasionado la innovación, sobre todo cuando se trata de utilizarla para crecer y tener un impacto social. Por ello, leo constantemente todo tipo de libros y revistas, además de investigar en internet para enterarme de los avances. También tengo que dedicar tiempo a analizar estudios y cartas de accionistas para estar al tanto de los cambios. Estoy especialmente atento a los mercados inmobiliarios, los valores del S&P 500, Nasdaq 100 y Russell 2000, las posiciones de capital riesgo, el arte en general y los nuevos avances en IA, blockchain y tokenización, de los que hablaremos con más detalle más adelante.

En mi tiempo libre, busco *startups* que puedan hacer más con menos y tengan el potencial de crear un efecto positivo significativo a largo plazo para la sociedad. Me tomo tiempo para escuchar pódcasts interesantes y cuidar de mi salud y mi bienestar. Me doy baños de bosque y participo en dojos de *krav maga* y kárate, donde tengo la categoría de senséi cinturón negro sandan. Veo películas inspiradas en hechos reales, toco el clarinete y el saxofón y paso tiempo con mi familia.

Todos estos compromisos me obligan a ser riguroso con la forma en que empleo cada minuto del día. Al priorizar mis esfuerzos, puedo seguir creciendo tanto profesional como personalmente, vivir mi propósito y servir a los demás. Para ayudarme a recordar lo que realmente importa, he desarrollado el acrónimo FORS (que también es mi apodo). FORS deriva de las siglas de *focus on relationships and service*, que significa 'centrarse en las relaciones y el servicio'.

Te sugiero que adoptes el mismo enfoque y busques constantemente formas de mejorar. Al empezar tu carrera, tendrás miedo de dar pasos más arriesgados o difíciles. Pero, como dijo el general del ejército estadounidense Norman Schwarzkopf, «Cuanto más sudes en la paz, menos sangrarás en la guerra»[38].

---

38 Schwarzkopf, Norman. *Norman Schwarzkopf Quotes*. BrainyQuote.com. https://

Lee las siguientes secciones para saber qué puedes hacer para tener un alto rendimiento. Tendrás que pensar qué significa para ti el éxito y cómo puedes alcanzar esos objetivos. Utiliza estos consejos para afinar tus planes y recuerda que cada día es una oportunidad para probar y crecer (independientemente de los resultados, estás aprendiendo).

Crecimiento y éxito profesional

Deja volar tu imaginación

Da rienda suelta a tu mente e imagina formas de tener un impacto positivo en el mundo. Alinea esas ideas con acciones decididas para hacer realidad tus sueños de un mundo mejor. Olvídate de lo que todo el mundo cree que significa el éxito y pregúntate qué significado le atribuyes tú.

Busca un modelo a seguir y haz ingeniería inversa de tu plan

Cualquier transición profesional empieza por creer en uno mismo y tener una visión clara de adónde se quiere llegar. Una vez que hayas identificado este destino, busca un mentor o un modelo a seguir en el campo que desees para que te aporte ideas y claridad, y diseña estratégicamente un plan personalizado para ti. Enfócalo por partes, centrándote en las disciplinas diarias, el desarrollo de habilidades y la creación de relaciones que te harán avanzar poco a poco hacia tu objetivo final.

Sé siempre tú mismo

Como escribió Henry David Thoreau, «Sé tú mismo, no la idea que tienes de lo que crees que debería ser la idea que otra persona tiene de ti»[39]. No necesitas cambiar ni adaptarte a ninguna norma de la sociedad. Como dijo Bernard Baruch, «Sé quien eres y di lo que sientes porque a los que les molesta no les importa y a los que les

---

www.brainyquote.com/quotes/norman_schwarzkopf_455013

[39] Thoreau, Henry David. *Be Yourself. Let Yourself Learn.* https://letyourselflearn.com/2013/10/22/be-yourself-not-your-idea-of-what-you-think-somebody-elses-idea-of-yourself-should-be

importa no les molesta»[40]. Tu éxito es tu historia, un trabajo en curso y tú eres su dueño.

El propósito de unas prácticas es identificar si eres alguien en quien pueden confiar

Y si les gustaría trabajar contigo.

All in

Dalo todo, todo el tiempo. Afronta cada tarea como si fuera la última, porque podría serlo. Cuanto antes empiece a trabajar, mejor.

Suda la gota gorda

Un buen trabajo es la culminación de cientos de detalles. Las personas con más éxito del mundo se preocupan por los pequeños detalles. Y por norma, el ascensor al éxito está averiado. Acostúmbrate a subir por las escaleras.

El obstáculo es el camino

Si algo es difícil, es una oportunidad para hacerse más fuerte. Tu mente es infinitamente elástica y adaptable, así que prepárate para retos graduales.

Nadie dijo que fuera fácil

Si hacer el bien o lanzar empresas fuera fácil, todo el mundo lo haría.

Tú también eres una *startup*

Como una *startup*, empezaste como una idea. Fuiste *incubado* y puesto en este mundo donde te desarrollas lentamente, y con el tiempo acumulas hermanos, amigos y bienestar, ¡como en los negocios acumulas socios, empleados, clientes, inversores y riqueza!

---

40 Baruch, Bernard. *Bernard Baruch Quotes*. Goodreads.com. https://www.goodreads.com/quotes/865-be-who-you-are-and-say-what-you-feel-because

Solo hazlo...

...si te gusta o si merece la pena. El miedo es el enemigo del crecimiento, así que, si lo sientes, pregúntate cómo podría ser la vida sin temer al futuro. La vida es corta, no dejes que el miedo te frene. De hecho, me gusta la versión práctica del acrónimo FEAR: *False Evidence Appearing Real o Face Everything and Rise*. La actitud ante el miedo es lo que separa a los que aspiran de quienes lo consiguen. La acción es el antídoto contra el miedo. En mi vida, cada vez que decidí enfrentarme a uno de mis miedos, desde ser el segundo más joven de mi clase del MBA del IESE hasta desarrollar proyectos empresariales que nadie había intentado antes en Indonesia, Singapur, Italia y Estados Unidos, conseguí no solo ampliar mi zona de confort, sino también aumentar mi autocomplacencia.

Echa horas

Como dijo el presentador de televisión estadounidense Jimmy Kimmel: «Lo único que creo que he hecho bien es que siempre he intentado trabajar más que los demás»[41].

Algo similar leí en *How to Money: Your Ultimate Visual Guide to the Basics of Finance*, de Jean Chatzky y Kathryn Tuggle, según quienes «aunque la cantidad de dinero que puedes ganar es algo limitada (sobre todo cuando eres joven), es menos limitada que el tiempo. Si te lo propones, puedes ganar más».

Define quién y dónde quieres estar, y luego da un paso adelante cada día hasta que se haga realidad

Cuanto más específico seas, mejor. Sonrío recordando el pensamiento de Lily Tomlin: «Siempre quise ser alguien. Debería haber sido más específica»[42]. Tu principal hándicap para llegar donde quieres será probablemente tu miedo a la opinión de los demás, pero recuerda

---

41 Kimmel, Jimmy. *Jimmy Kimmel: The Hardest Working Person in Show Business.* https://www.success.com/jimmy-kimmel-the-hardest-working-man-in-show-business/

42 Tomlin, Lily. *Lily Tomlin Quotes.* BrainyQuote.com. https://www.brainyquote.com/quotes/lily_tomlin_109612

que tus sentimientos no deben depender de los pensamientos de otra persona. Y sé también consciente de las personas de las que te rodeas, ya que para remontar el vuelo como un águila no es recomendable rodearse de pavos.

Simplemente, preséntate

Como dijo Woody Allen, «El ochenta por ciento del éxito consiste en estar ahí»43. Aunque no sea tu mejor día ni seas el más fuerte, te ayudará a ampliar tu zona de confort. Como dijo Ross Perot, «El éxito depende de cómo reaccionemos ante las oportunidades inesperadas»44. Evita demasiadas redes sociales. Céntrate solo en el *bridge networking*, es decir, en conectar con mentes igualmente creativas o con quienes te puedan aportar o añadir valor.

En el escenario, diviértete o vete a casa

El público huele si estás disfrutando del proceso, lo que genera empatía y persuasión. Por el contrario, si subes al escenario con más miedo que disfrute, ellos también lo percibirán y será una pérdida de tiempo y credibilidad.

Sigue mirando hacia arriba

Según Charlie Chaplin, «nunca encontrarás un arcoíris si miras hacia abajo»[45].

Olvídate del efecto foco

No te preocupes por lo que los demás piensen de ti. No te dejes afectar por el efecto foco, ese que supone que la gente te presta más atención de la que realmente te presta. La realidad es que todos tienen preocupaciones mayores, sobre todo ellos mismos.

---

43 Allen, Woody. *Woody Allen Quotes*. BrainyQuote.com. https://www.brainyquote.com/quotes/woody_allen_145883

44 Perot, Ross. In*spiring Life Quotes*. Google Groups. https://groups.google.com/g/phpprogrammers/c/CfC0kSyDlX8?pli=1

45 Chaplin, Charlie. *Charlie Chaplin Quotes*. Goodreads.com. https://www.goodreads.com/quotes/77677-you-ll-never-find-a-rainbow-if-you-re-looking-down

Retribuye a la comunidad

La mayoría de las personas de éxito dedican parte de su tiempo a ofrecer sus conocimientos, experiencia o recursos; con ello también amplían sus horizontes, adquieren nuevas perspectivas y perfeccionan sus habilidades. Recuerda que lo que no se da se pierde.

La actitud es mejor que la aptitud

Entrenando *krav maga* y kárate con *marshals* y militares, he aprendido que todo el mundo prefiere a alguien en quien puedan confiar que no los dejará atrás.

Solo hay una primera impresión

Nunca tienes una segunda oportunidad para causar una buena primera impresión. Prepárate de antemano para conversaciones de alta apuesta haciendo juegos de rol con tus líneas, previendo posibles argumentos y contraargumentos. Sonarás mucho más confiado y confiable durante el evento real si no te tropiezas con tus palabras.

Incluso si los progresos son lentos, sigue adelante

Perfeccionar una habilidad que podrías expandir en un negocio futuro es siempre una apuesta inteligente. El mercado laboral es más frágil que nunca. Para protegerte de un despido en el futuro, es una buena idea considerar los obstáculos secundarios. ¿En qué podría invertir ahora que generaría ingresos más adelante? Elige una o dos cosas y luego empieza, día a día, a mejorar en ellas. El progreso constante hacia tus objetivos es la mejor estrategia para alcanzarlos. Y recuerda que, en nuestro viaje hacia la automejora, uno nunca llega. ¡El éxito es un trabajo constante en marcha!

Toda la grandeza viene de la expansión constante de tu zona de confort

Más tarde, cuando todo vaya bien, volverás a mirar los momentos más difíciles de tu vida y estarás contento de no haberte rendido. El mundo no está diseñado para que tengas éxito, ni tampoco el sistema. Ambos están diseñados para que seas mediocre y que invitan constantemente a desistir. A comienzos de tu carrera, tu talento natural y motivación podrían haber sido suficientes, pero para seguir avanzando, si todavía crees que el trabajo o el negocio es para ti, concéntrate en hacer lo que es más necesario, incluso si eso significa construir nuevas habilidades o asumir roles desconocidos.

Únete o crea un grupo *mastermind*

Dos cabezas son mejores que una. Reúnete regularmente y comparte con socios de responsabilidad, mentores y compañeros. Los CEO y empresarios en los EE. UU. que trabajan con mentores durante tres años o más experimentan un EBITDA CAGR promedio del 66 %, que es más de cinco veces el promedio nacional.

Todo es negociable

La mayoría de las negociaciones no se dan porque no nos damos cuenta de que son posibles. Una oferta salarial es negociable. Los términos de tu hipoteca son negociables. El asiento que te asignan en un avión es negociable. Asume el hábito de preguntar: «¿Hay espacio para negociar aquí?». Los resultados pueden sorprenderte. Y recuerda, para negociar con éxito, debemos aprender a controlar nuestras emociones, especialmente el miedo, la ira y la preocupación. Una actitud calma y neutral es la mejor para negociar. La amistad es buena para romper el hielo, pero la calma es excelente para sellar el acuerdo. Como dice Robert Estabrook, «El que ha aprendido a discrepar sin ser desagradable, ha descubierto el secreto más valioso de la negociación».

Busca tres síes para cimentar un acuerdo

En el libro *Never Split the Difference*, Chris Voss recomienda el uso de preguntas abiertas tales como «¿cómo?» y «¿qué?». Por ejemplo, preguntar «¿Cómo debería hacer esto?» motiva a la otra persona a resolver el problema que le impusieron y evita la escalada. Usar estas preguntas te ayudará a obtener los tres síes de la otra persona. Estar de acuerdo en comprometerse es el primer sí, el etiquetar y resumir el punto es el segundo, y las preguntas «cómo» o «qué» proporcionarán el «sí» final.

Prepara tres alternativas y una propuesta

Al sugerir un cambio o solución, siempre lleva una propuesta preparada con antelación y tres alternativas.

Mientras lo estés intentando lo más duro posible, estás en el camino correcto

El camino hacia la consecución de nuestras aspiraciones rara vez es sencillo, así que concéntrate en tus propios esfuerzos y objetivos personales en lugar de hacer comparaciones externas o según las expectativas sociales.

Es un juego de números

En primer lugar, no se puede ganar la lotería si no se compra un billete. En segundo lugar, invierte su tiempo y dinero en negocios o inversiones con mejores probabilidades que la lotería.

Elige un trabajo o negocio que coincida con sus talentos y habilidades únicas

No elijas el trabajo con el salario más alto, sino el que coincida con tus talentos y habilidades únicas. Una vez allí, ser creativo, proactivo, paciente y no convencional.

Trabaja en tus sistemas y objetivos

Evita distracciones seductoras y sigue los KPI (*key performance indicators*, 'indicadores clave de rendimiento') semanales o los OKR (*objectives and key results*, 'objetivos y resultados clave') mensuales. Así lograrás victorias rápidas y celebrarás cada punto de progreso e hito.

Sé un proveedor de soluciones versus un indicador de problemas

De la misma manera que a la gente le gusta comprar en lugar de sentir que le venden, las personas aman a los que resuelven los problemas, no a los que son expertos poniendo excusas. Además, todo el mundo prefiere a la gente entusiasta más que a quienes se quejan o critican.

Elige metas mucho más grandes que tú y escríbelas

La clave del éxito está en decidir lo que realmente quieres, escribir tus deseos abajo y hacer un plan detallado para cumplir el propósito. También necesitarás una mentalidad positiva, grandes habilidades de gestión del tiempo y la voluntad de seguir fracasando hasta que lo hagas bien.

La procrastinación de hoy hará que mañana sea más complicado

Pensar en las consecuencias de aplazar algo te ayudará a evitar la procrastinación.

Cada día que no estás mejorando, estás empeorando

La mayor parte del tiempo, se trata simplemente de aprender cosas nuevas sobre tu profesión o negocio. Como dijo Abraham Lincoln: «Dame seis horas para cortar un árbol y pasaré los primeros cuatro afianzando el hacha»[46]. Y como decía san Agustín: «Conócete, acéptate, véncete»[47] (yo añadiría «constantemente»).

Nunca te arrepientas de tus decisiones

Pide disculpas si es necesario y sigue adelante. Cuidado con el prejuicio de atribución, en el que atribuimos los éxitos a nuestras propias capacidades y los fracasos al azar. Recuerda que la gente se motiva evitando una pérdida o adquiriendo una ganancia potencial, y según los psicólogos, valoramos evitar una pérdida ¡hasta tres veces más que un beneficio potencial!

---

46 Lincoln, Abraham. *Abraham Lincoln Quotes*. Goodreads.com. https://www.goodreads.com/quotes/search?q=give+me+six+hours+to+chop+down+a+tree

47 Drever, Matthew. *Know Thyself!* July 2013. Oxford Academic. https://academic.oup.com/book/26336/chapter/194626568

Lamentarás las cosas que no hiciste más que los errores que cometiste

El movimiento que no hiciste, el cambio de carrera que no hiciste, el negocio que no comenzaste... Te arrepentirás especialmente de las veces en que no tomaste una oportunidad.

Aplica la regla triple 21

Trata de no comer solo y pasa al menos 21 minutos haciéndolo, no tiene sentido precipitarse. Y procura incluir 2 verduras y 1 fruta en cada comida. También recomiendo practicar cada presentación 21 veces.

Sigue la regla de las cinco horas

Como Bill Gates o Elon Musk, pasa cinco horas a la semana aprendiendo algo nuevo[48].

Medita, haz ejercicio, escribe y lee todos los días

Meditar u orar, mantenerse saludable y leer cosas como resúmenes de *Blinkist* o *Headway* para aprender de las experiencias de los demás es rápido y barato.

Toma la vida como si estuvieras subiendo al monte Everest

Los escaladores no miran hacia arriba ni hacia abajo. Solo se centran en el siguiente paso. Y si te aburres, recuerda la memoria perspicaz de Indira Gandhi: «Mi abuelo me dijo una vez que había dos tipos de personas: los que hacen el trabajo y los que toman el crédito. Me dijo que tratara de estar en el primer grupo; hay mucha menos competencia»[49].

---

48 Mukhopadhyay, Sounak. *5-hour rule: The secret sauce to success for Elon Musk, Bill Gates*. August 16, 2022. Mint.com. https://www.livemint.com/news/world/5hour-rule-the-secret-sauce-to-success-for-elon-musk-bill-gates-11660546762174.html

49 Gandhi, Indira. *There are Two Kinds of People*. Quote Investigator. https://quoteinvestigator.com/2013/11/20/work-credit/

Lo que permitas en tu cerebro se reflejará en tu vida

Los pensamientos negativos, autolimitantes o destructivos obstaculizan tu progreso y afectan tu capacidad para alcanzar tu pleno potencial. Por otro lado, al seleccionar conscientemente pensamientos y creencias de empoderamiento, favoreces un efecto que repercutirá positivamente en tus acciones, decisiones y bienestar general. Brian Tracy dice: «Quizá el mayor descubrimiento de la historia de la humanidad sea este: te conviertes en lo que piensas la mayor parte del tiempo»[50].

Practica la visualización

Visualiza la actuación perfecta, disfruta de la imperfecta, y repite. Haz lo mismo con los objetivos, teniendo en cuenta la recomendación de Georg Bernard Shaw: «Busca las circunstancias y, si no las encuentras, hazlas»[51]. En otras palabras, no busques el éxito, ¡vive!

Lo perfecto es enemigo de lo bueno

Concéntrate en la excelencia en lugar del perfeccionismo. Excelencia es hacer lo mejor posible con los recursos disponibles y las circunstancias del momento. Espera excelencia de tu equipo y recompénsala. El talento no es la causa de la excelencia, la práctica sí. Concéntrate en dar pasos incrementales en lugar de hacer movimientos dramáticos. Por ejemplo, toma un período de prueba en un nuevo trabajo antes de comprometerte por completo. Celebra el progreso frente a la perfección.

Construye y mantén una fuerte «red de la suerte»

En su libro titulado *Chase, Chance, & Creativity: The Lucky Art of Novelty*, el neurólogo Dr. James Austin identifica cuatro tipos de suerte: la suerte ciega, la suerte del movimiento, la fortuna de la conciencia y la

---

50 Brian Tracy, *Las 7 C del éxito*, publicado por LifeVantage el 1 de agosto de 2019, vídeo de YouTube, https://www.youtube.com/watch?v=FfohcP_zBkQ.
51 Shaw, George Bernard. *George Bernard Quotes*. Goodreads.com. https://www.goodreads.com/quotes/39982-people-are-always-blaming-their-circumstances-for-what-they-are

suerte de la singularidad52. Él recomienda que cuando se enfrentan a dos caminos, se elija el que tiene una mayor «superficie de la suerte». Básicamente, es difícil tener suerte viendo televisión en casa, pero es fácil tenerla cuando estás involucrado aprendiendo, escribiendo o compartiendo en público, o pasando tiempo en las habitaciones donde te sientes la persona menos sabia.

Ten un entrenador personal e identifica varios mentores a quienes acudir cuando sea necesario

Los mejores golfistas practican y tienen un entrenador que les recuerda cómo optimizar su *swing*. En cuanto a los mentores, ninguno de ellos es perfecto, pero todos saben algo que tú no sabes, y ese algo puede hacer una gran diferencia. Y recuerda, la humildad es el primer requisito para la orientación.

Conviértete en un experto en lo que eres bueno

Para convertirte en un experto en cualquier área o nicho donde fluyas, concéntrate en tus puntos fuertes al menos el 70 % del tiempo, y desarróllalos. Trabaja constantemente en ti mismo, ya que eres tu mayor activo. Si haces lo que amas, y te diviertes, el dinero vendrá (en la mayoría de los casos); y si no, recuerda que las experiencias más altas y más satisfactorias se viven cuando estamos fluyendo.

Deja que los demás te juzguen por los enemigos que has creado

Si nadie te odia, nadie te conoce. Como escribió el sabio Oscar Wilde, «La única cosa peor que que hablen de ti es que no lo hagan»[53]. Y nunca juegues el papel de oveja o serás abatido.

Cuanto menos hables, más inteligente parecerás

Según los investigadores, las palabras solo transmiten el 7 % del mensaje, mientras que la voz y el lenguaje corporal transmiten 38 %

---

52 Austin, James H. *Chase, Chance, and Creativity: The Lucky Art of Novelty*. 2003. MIT Press.

53 Wilde, Oscar. *Oscar Wilde Quotes*. National Library of Medicine. https://pubmed.ncbi.nlm.nih.gov/23688658/

y 55 %, respectivamente[54]. Por lo tanto, usa tus habilidades naturales de empatía, comprensión, atención y amabilidad, así como las muchas herramientas para construir relaciones, como prestar atención o compartir valores e intereses.

Para aprender, sé humilde

Todo el mundo es más inteligente, más exitoso y más sabio que nosotros en algo. Ralph Waldo Emerson lo expuso bien: «Cada hombre que conozco es mi maestro en algún momento, entonces aprendo de él»[55].

Para negociar en general, nunca aceptes una primera oferta

Di que no y pasa a negociar.

Sé puntual

Primero, porque es señal de una persona profesional y educada; y segundo, porque puedes preparar y repasar los argumentos y objetivos de la reunión. Me resuena mucho la cita del almirante Lord Nelson: «Gran parte de mi éxito se lo debo a que llego un cuarto de hora antes de tiempo»[56].

Escucha a todo el mundo para conocer la verdad

Me encanta el proverbio argentino «El que habla siembra, el que escucha cosecha»[57]. Escucha más de lo que hablas. Para escuchar proactivamente o ayudar a otros a compartir sus opiniones, siempre puedes preguntar «¿Cómo es eso?» o decir «Cuéntame más».

---

54 MasterClass. *How to Use the 7-38-55 Rule to Negotiate Effectively.* July 7, 2021. https://www.masterclass.com/articles/how-to-use-the-7-38-55-rule-to-negotiate-effectively

55 *Ralph Waldo Emerson Quotes.* Goodreads.com. https://www.goodreads.com/quotes/8468-in-my-walks-every-man-i-meet-is-my-superior

56 Nelson, Horatio. *Horatio Nelson Quotes.* FancyQuote.com. https://quotefancy.com/quote/1342017/Horatio-Nelson-I-owe-all-my-success-in-life-to-having-been-always-a-quarter-of-an-hour

57 *Who speaks, sows; Who listens, reaps.* July 15, 2014. SlideServe. https://www.slideserve.com/eldora/who-speaks-sows-who-listens-reaps-argentine-proverb

La mente de los jefes funciona de una manera peculiar

Si compartes una propuesta disruptiva, la mayoría de los jefes la oirán la primera vez pero no te escucharán. Cuando vuelvas a compartirla, escucharán pero no entenderán. Finalmente, si perseveras, acabarán comprendiendo, tomarán tu idea y la harán suya.

Asiste a conferencias, seminarios y actos similares

Mejor aún, esfuérzate por ser ponente. Sé alguien con quien merezca la pena hablar: prepárate para compartir anécdotas de su último viaje, aficiones o negocios. Confía en la serendipia de estos encuentros. Conectar con la gente aumenta tus posibilidades de conseguir nuevos e interesantes trabajos, socios o ideas de negocio.

La regla de las tres horas como mínimo

Necesitas interactuar cara a cara durante un mínimo de tres horas con alguien para generar confianza y conseguir que esa persona invierta en ti o en tu empresa, así que prepárate para asistir por lo menos a un evento al mes o invita a alguien cada la semana si quieres captar nuevos clientes VIP o inversores.

Una cálida presentación vale más que diez llamadas en frío

De vez en cuando, organiza reuniones. Sé sencillo, no seas formal, crea un ambiente que demuestre que el evento es para disfrutar, y mezcla y combina tantos invitados como sea posible. Si no es posible celebrar una reunión cara a cara, mantente disponible para presentar a tus amigos a quienes necesiten o creas que podrían ayudarles, bien por correo electrónico o por LinkedIn, cuando surja la oportunidad.

El éxito es un estado mental; no tiene nada que ver con tu nivel actual de activos financieros

Así que ten cuidado con lo que permites en tu cerebro; afectará a todo en tu vida. Además, el éxito financiero no debe eclipsar la realización personal. Necesitas un equilibrio entre el crecimiento personal y el éxito empresarial. Y recuerda que el éxito es mucho más fácil si te apasiona lo que haces. ¿Qué enciende tu pasión?

No pospongas las tareas

Como dijo Walt Disney: «La forma de empezar es dejar de hablar y empezar a hacer»[58]. Y Abraham Lincoln añadió: «La disciplina es elegir entre lo que quieres ahora y lo que más quieres»[59].

Pregunta, sobre todo si hay algo que ganar y nada que perder

Haz preguntas inteligentes y escucha los comentarios sobre tu actuación. En mis estudios preuniversitarios pasé un momento embarazoso. Delante de toda la clase, un profesor me comparó con la alumna número uno (que tenía sobresalientes) y dijo que yo tendría aún más éxito en la vida. En aquel momento, escuché atónito y me ruboricé porque no sabía qué veía en mí. Algún tiempo después, me arrepentí de no haberle pedido que me aclarara sus razones. Hoy no sé si mi colega tiene más éxito o no (quién sabe lo que significa el éxito para mi compañera o para mi profesor), y sinceramente no me importa. Lo saco a colación para recordarte que no debes desperdiciar ninguna oportunidad de obtener un *feedback* constructivo sobre tu rendimiento.

Si te invitan a una reunión, prepárate para compartir cómo has resuelto un problema, no qué desventajas has encontrado

Quienes han trabajado conmigo conocen mi prerrogativa de «tres alternativas y una propuesta» como condición necesaria para iniciar una conversación sobre cualquier problema que surja. Pero no basta con eso: para destacar de verdad, hay que ser proactivo y estar dispuesto a compartir cómo se ha resuelto ya el problema. Como si de un tablero de ajedrez se tratara, ven con las dos o tres próximas jugadas ya hechas para diferenciarte del 90 % que se detiene y espera las instrucciones de su jefe cuando surge un pequeño inconveniente.

---

58 Disney, Walt. *Walt Disney Quotes*. BrainyQuote.com. https://www.brainyquote.com/quotes/walt_disney_131640

59 Lincoln, Abraham. *Abraham Lincoln Quotes*. Goodreads.com. https://www.goodreads.com/quotes/10466454-discipline-is-choosing-between-what-you-want-now-and-what

Plantéate si es mejor pedir perdón que permiso

En la mayoría de los casos, pedir permiso o colaboración puede ser la medida más prudente. Sin embargo, en otras ocasiones, si tienes una idea o acción bien pensada que puede dar resultados positivos, puede merecer la pena seguir adelante con ella aunque no hayas obtenido permiso explícito.

Si te entrevistan, tus respuestas deben ser breves y sencillas

Y sé real, humilde y vulnerable (si no, podrías parecer demasiado perfecto o molesto).

Consigue una atención masiva, tanto si gustas al público como si te odia

Si lo haces, aumentarán tus probabilidades de llamar la atención de las personas adecuadas. Mantente proactivo, humilde, indulgente y honesto con tus errores; tu talento y tus esfuerzos serán reconocidos tarde o temprano.

Fortalece tu músculo de la excelencia a la menor oportunidad

Por ejemplo, cuando utilices un establecimiento público, como una biblioteca, o si alguien te presta algo, déjalo o devuélvelo mejor de lo que estaba antes. Corre siempre la última milla.

No tienes que ser brillante

Solo un poco más sabio que los demás, como media, durante mucho tiempo. Reconoce el hecho de que no eres mejor que nadie. Céntrate, en cambio, en crecer y ser mejor que tu último nivel.

Roma no se hizo en un día

Y se cometieron muchos errores al construirla. El fracaso es una oportunidad para enfrentarse al tiempo y hacerse más fuerte. Y muchas veces, un «no» es una oportunidad disfrazada.

Tu crecimiento profesional o empresarial no es una cadena perpetua

Equilibrar el trabajo y la vida personal es esencial para encontrar sentido y satisfacción. Establece límites, gestiona tu tiempo de forma eficaz y evalúa y ajusta continuamente, ya que el equilibrio entre la vida laboral y personal no es un logro de una sola vez, sino un proceso continuo. No quemes la vela por los dos extremos.

Madruga con rutinas

Adopta rutinas matutinas importantes, como meditar o hacer ejercicio, pasar tiempo de calidad con su familia durante el desayuno o leer sobre las últimas tendencias en tu ámbito profesional. Por la mañana, nuestra fuerza de voluntad es mucho mayor que por la noche. Por eso, las primeras horas del día son ideales para mejorar tu vida.

Mantén una mentalidad a largo plazo

No esperes gratificación instantánea cuando persigas tu objetivo; estás en ello a largo plazo.

Pon un pie adelante, una y otra vez

Cualquier acción es útil, aunque no sea perfecta. La práctica constante es la clave para mejorar.

Estrategias empresariales y de crecimiento

Acepta lo desconocido

Tu zona de confort te impide hacer lo que tienes que hacer. Trabajar en red, crecer, invertir... Todo ello ampliará constantemente tu zona de confort.

Rompe las reglas

Cambia el paradigma. La innovación se produce cuando se traspasan los límites y, en algunas ocasiones, es necesario romperlos para mejorar la experiencia o la satisfacción de los clientes. Pregúntate constantemente cómo puedes mejorar la experiencia del usuario o hacerla más divertida. Lo que te ha traído hasta aquí puede que no te lleve hasta allí.

Acción masiva

Este es el hábito más importante para crecer. Tienes que hacerlo realidad. El mundo cambia con tus acciones, no con tus opiniones y pensamientos.

Pregunta a tus clientes qué productos similares compran

Haz un trato o compra a ese rival. Los clientes fieles rechazan productos mejores y precios más bajos porque tienen un vínculo sentimental con su empresa. No intentes manipular a la gente para que adore tu marca; en su lugar, céntrate en crear experiencias de marca con las que la gente quiera estar asociada.

El tiempo es oro, así que haz que cada minuto con tus clientes cuente

Ofrece el mejor servicio posible, especialmente a tus clientes VIP.

Intenta algo nuevo cada día

Utiliza el método de ensayo y error para encontrar el camino. Un error importante suele estar a centímetros de un descubrimiento revolucionario. Eso sí, nunca cometas el mismo error dos veces. El algoritmo del éxito consiste en no repetir los errores y repetir lo que funciona.

Sigue la filosofía 70/30 en la toma de decisiones

Si puede predecir que una decisión tiene al menos un 70 % de posibilidades de éxito, debes tomarla.

Pide siempre al menos tres presupuestos para el trabajo que vayas a realizar

Y nunca aceptes el primer presupuesto que te hagan.

Ninguno de nosotros es tan inteligente como todos nosotros

A menudo podemos encontrar mejores soluciones cuando trabajamos en grupo. Sin embargo, también conviene mantener un equilibrio y no incorporar a tanta gente que nos haga perder el norte. Por ejemplo, el *brainstorming* suele ser más eficaz en grupos de hasta cuatro personas.

Crea una sensación de urgencia

Evita los mensajes de «no hay que desviarse» que no animan a la gente. En su lugar, comunica la necesidad de actuar.

Promete menos y cumple más

Y deja siempre margen para imprevistos. Haz lo que dices que vas a hacer. Que te vean como alguien que tiene algo que enseñar o compartir. Véndele siempre al cliente «su» idea.

Céntrate en el cliente y da el 100 % o no salgas de casa

El enfoque centrado en el cliente ha sido el combustible de empresas de éxito como Amazon, Alphabet y Dell. Ten siempre presente este principio y busca formas de aprovechar la tecnología para aumentar la satisfacción y la experiencia del cliente, que siempre perciba valor añadido (a veces es simplemente un elogio sincero o una sonrisa).

Haz las cosas sencillas

Como describió Max Amsterdam, «Los negocios son el arte de extraer dinero del bolsillo de otro hombre sin recurrir a la violencia»[60]. Cuanto más sencillo, mejor.

Ninguna empresa sobrevivirá solo con buena gente

Necesita gente que esté loca por mejorar constantemente. Para ser el mejor de tu sector, tienes que ser bueno en una serie de habilidades

---

60 Amsterdam, Max. *Max Amsterdam Quotation*. EnglishClub. https://www.englishclub.com/ref/esl/Quotes/Money/Business_is_the_art_of_extracting_money_from_another_man_s_pocket_without_resorting_to_violence._2728.php

complementarias que tus clientes valoren y de las que carezcan tus competidores. Como solía pregonar el famoso periodista Emilio Romero entre sus empleados, debemos sorprender a nuestros clientes y disgustar a nuestros competidores a diario.

Sistematizar o morir

Si no sistematizas tus procesos empresariales, el valor de su negocio será cero. Sistematiza todo, incluidas las evaluaciones de rendimiento de tu equipo, y pon nombre a cada uno de estos procesos para darles la relevancia que merecen.

Los ingresos exponenciales del palo de *hockey* proceden del aprendizaje previo acumulado

Además, el aprendizaje permanente es la fuente de la juventud. Henry Ford dijo: «Quien deja de aprender envejece, ya sea a los veinte o a los ochenta años. Quien sigue aprendiendo se mantiene joven[61].

Las empresas no tienen alma

Elon Musk dice: «No te aferres a una persona, a un lugar o a una organización. Aférrate a una misión, una vocación o un propósito. Así es como mantienes tu poder y tu paz»[62].

Elige tu duro

Tal y como Keith Craft nos recuerda, «Estar en forma es duro, estar fuera de forma es duro. Perder peso es duro, estar gordo es duro. Hacer ejercicio es duro, ser débil es duro. Ser disciplinado es duro, ser perezoso es duro. Salir de tu zona de confort es duro, mantenerte en tu zona de confort es duro. Empezar un negocio es duro, trabajar para otra persona es duro. Ganar mucho dinero es duro, ganar poco dinero es duro. Ser rico es duro, ser pobre es duro. Tener buenas relaciones

---

61 *Never stop learning*. Cranfield School of Management. https://blog.som.cranfield.ac.uk/execdev/never-stop-learning

62 Livemint. *Elon Musk valuable advice shared by billionaire*. August 22, 2022. Mint. https://www.livemint.com/news/world/elon-musk-valuable-advice-shared-by-billionaire-don-t-attach-yourself-harsh-goenka-11661140702271.html

es duro, tener malas relaciones es duro. Luchar por tu matrimonio es duro, divorciarte es duro. Tener muchas cosas es duro, no tener nada es duro. Vivir con un propósito es duro, vivir sin propósito es duro. Vivir la vida a la manera de Dios es duro, vivirla a tu manera es duro. ¡Todo es duro! Elige el tuyo»[63].

---

63 Keith Craft, *Elige tu duro*, Noche del Guerrero, Elevate Life Church, Frisco, Texas, 16 de mayo de 2019.

CAPÍTULO 6

Una lente para detectar oportunidades

"Because a large font makes profits look bigger."

...porque una fuente grande hace que los beneficios parezcan mayores

En 1969 se tomaron fotos de los astronautas preparándose para despegar hacia la Luna. Estas fotos muestran lo que planeaban llevar. Los astronautas estaban de pie junto a enormes maletas llenas de los artículos que podrían necesitar.

Sorprendentemente, estas pesadas maletas parecían grandes cajas. Ninguna de ellas tenía las ruedas que hoy solemos asociar con el equipaje. Pasaría otro año antes de que Bernard Sadow innovara los viajes con un modelo de maleta tradicional con ruedas unida a una larga correa[64].

Piénsalo un momento. Enviamos gente a la Luna antes de descubrir que las maletas podían tener ruedas. Por supuesto, la rueda ya se había inventado y las maletas también. Lo que faltaba hasta entonces era una persona que se planteara el problema del transporte de una maleta de una forma nueva. Esta persona rompió las reglas que se habían establecido para viajar y pensó en una forma mejor de servir al usuario. El proceso dio lugar a las maletas con ruedas.

Hoy, por supuesto, las maletas con ruedas se venden en todo el mundo y han mejorado mucho la experiencia del viajero. Son un ejemplo de cómo tomarse el tiempo necesario para ser curioso y buscar formas de aliviar los puntos débiles de los consumidores puede dar lugar a innovaciones. Las empresas de éxito adoptan la perspectiva del cliente y escuchan sus necesidades. Los productos y servicios que nacen de dedicar tiempo a probar y recabar opiniones tienen el potencial de ser exactamente lo que los consumidores quieren y están dispuestos a pagar.

Ese es el enfoque que siempre he adoptado como empresario. Cuando estaba en la universidad, me metí en mi primera *startup*, y el objetivo de la empresa estaba relacionado con lo que estudiaba en ese momento. Se centraba en conseguir inversores que contribuyeran a los fondos de inversión. Sin embargo, en lugar de tratar de compartir lo estupenda que era la empresa, desplacé el foco hacia los consumidores. Hice que todo girara en torno a ellos y a su experiencia, incluidas las preguntas que querían que se les respondieran y los beneficios

---

64 Collier, Beth. When Did Suitcases Get Wheels? January 6, 2023. Curious Minds. https://bethcollier.substack.com/p/when-did-suitcases-get-wheels

que recibirían. En aquel momento, este enfoque era muy diferente de las tácticas de venta tradicionales. Pero despegó, ya que muchos clientes apreciaban estar en medio de todo y conseguí convertirme en el mayor vendedor de participaciones del fondo. Me había saltado las normas, y había merecido la pena.

Si estás pensando en ser emprendedor, recuerda que el viaje suele empezar con la identificación de una idea. Después puedes crear un producto mínimo viable para ver su potencial en el mercado. Una vez que hayas encontrado gente interesada en pagar por él, puedes formar un equipo para crearlo por completo y lanzarlo al mercado.

Puede parecer sencillo, pero el espíritu empresarial requiere un liderazgo muy centrado y dedicado. Prepárate para recibir un gran número de rechazos, que no significan necesariamente que tu idea sea errónea; en algunos casos, solo significan que aún no has encontrado a tu gente o el momento adecuado para el mercado. Del mismo modo, muchas veces, una negativa no es un rechazo, sino la necesidad de seguir dialogando para saber más sobre las verdaderas razones de ese primer no.

Para mantener la motivación, siempre recomiendo crear o invertir en empresas que se alineen con el cambio que quieres ver. Por ejemplo, podrías participar en una empresa que trabaje para democratizar los servicios financieros. O podrías ayudar a luchar contra enfermedades endémicas, el hambre y la pobreza en lugares donde los recursos no son ampliamente accesibles. Como recomendaba Gandhi: «Sé tú el cambio que quieres ver en el mundo»[65].

En tu búsqueda, busca océanos azules en lugar de luchar contra los rojos. Un océano rojo se refiere a un mercado que ya está lleno de competidores. Un océano azul es un mercado que aún está por descubrir y no está lleno de competidores. Y recuerda que, independientemente del color del océano, sufrirás; así que elige algo por lo que merezca la pena sufrir.

Cuando lances una *startup*, asegúrate también de que tiene cinco características clave. La primera de ellas implica resolver un problema

---

65 Gandhi, Mahatma. *Mahatma Gandhi Quotes*. BrainyQuote.com https://www.brainyquote.com/quotes/mahatma_gandhi_109075

real con una solución tecnológica creativa. Comprueba que el apalancamiento y la escalabilidad sean posibles. Por último, querrás que tenga una estrategia internacional y que esté impulsada por un propósito.

Siempre he buscado formas de hacer las cosas de manera diferente para mejorar la vida de los demás. A menudo pienso en cómo Jeff Bezos puso en marcha Amazon cuando los libros se vendían en las tiendas. Rompió las reglas, pensó con originalidad y se arriesgó. Hoy en día, la mayoría de los consumidores en todo el mundo compran libros con un clic en lugar de visitar una tienda.

Una de las ventajas del espíritu empresarial es que cuanto más valor añades, mayor es tu potencial de impacto y de crear fuentes de ingresos sostenibles. Mientras lees las siguientes citas y explicaciones sobre el espíritu empresarial, dedica algún tiempo a pensar en tus propios intereses. ¿Qué crees que falta en el mundo? ¿Cómo podrías ayudar a los consumidores a resolver los problemas que tú también tienes? Una vez que hayas identificado lo que quieres hacer, crea estrategias y un equipo mínimo viable para mantener la motivación. Si esperas ayudar al mundo, lo que yo siempre busco hacer, verás que es más fácil superar los momentos bajos con socios que compartan la misión de la empresa, para que juntos construyáis un mañana mejor para ti y para los demás.

Espíritu empresarial

Nunca crees una empresa solo para ganar dinero

Crea una causa, no un negocio; algo en lo que creas, con la visión de influir positivamente en la gente. Su *raison d'etre* (razón de ser) tiene que merecer los sacrificios y el sufrimiento que soportarás en el camino. Recuerda también el consejo de Elon Musk: «Si no resuelve un problema real, un problema por el que la gente esté dispuesta a pagar, no tendrás un negocio, al menos no por mucho tiempo»66. Y

---

66 Haden, Jeff. *Elon Musk Says Living a Happy, Successful, and Meaningful Life Comes Down to 4 Simple Things*. September 15, 2023. Inc.com. https://www.inc.com/jeff-haden/elon-musk-says-living-a-happy-successful-meaningful-life-comes-down-to-4-simple-things.html

luego, ten en cuenta que, como recuerda Jen Sincero, «nos han educado para creer que hay que trabajar duro para ganar dinero, y ciertamente, hay veces en que esto es verdad, pero el verdadero secreto es que debes asumir riesgos enormes e incómodos. Tienes que hacer cosas que nunca has hecho antes y hacerte visible»[67].

Si tomas decisiones, cúmplelas

Como dijo Naval Ravikant: «Si no puedes decidir, la respuesta es no»[68].

Si vas a lanzar un negocio, cuanto antes mejor

A medida que envejeces, tus ahorros y experiencia pueden aumentar, pero también lo harán tus obligaciones. Si no estás seguro de por dónde empezar, haz una lista de tres cosas en las que encuentres alegría, o piensa en cómo podrías resolver algún problema o dolor actual que estés sufriendo. Tras formarte y encontrar los socios adecuados, mójate y aprende.

Prepárate para asociarte

Busca personas cuyos puntos fuertes complementen tus puntos débiles. En particular, asóciate con quienes puedan optimizar la satisfacción de tus clientes. Cuanto mejor sea la experiencia de usuario que puedas crear en tu sitio web o aplicación, mayor será la probabilidad de que más gente quiera utilizarlo.

El mejor predictor del comportamiento futuro es el comportamiento pasado

Haz las diligencias debidas sobre las empresas antes de invertir en ellas o comprarlas. Comprueba también los antecedentes de las personas, sobre todo de los socios o empleados importantes.

---

67 Editorial, S. (2018). *Eres un crack para ganar dinero (You Are a Badass at Making Money)*. Independently Published. http://books.google.ie/books?id=btxbuwEACAAJ&dq=Eres+un+malote+haciendo+dinero:+Domina+la+mentalidad+de+la+riqueza%22+de+Jen+Sincero&hl=&cd=1&source=gbs_api

68 Waschenfelder, Thomas. *The Decision Making Process: Make Obvious Decisions*. https://www.wealest.com/articles/decision-making-process

Levántate y haz algo

Como afirmó Mark Zuckerberg: «El mayor riesgo es no asumir ningún riesgo. En un mundo que cambia con rapidez, la única estrategia que garantiza el fracaso es no asumir riesgos»[69].

No te fíes de tu instinto

Como leí una vez en un artículo de *Harvard Business Review*, aunque la intuición puede ser una poderosa herramienta de toma de decisiones, puede ser poco fiable en situaciones complejas y desconocidas70. La intuición se basa en nuestra experiencia y conocimientos, por lo que no siempre es precisa. A la hora de tomar decisiones relevantes, como emprender un negocio o enfrentarse a retos sin precedentes, es más sensato combinar el instinto, el pensamiento racional y un análisis cuidadoso con el apoyo de la IA y otras tecnologías relevantes.

Ama lo que haces

Si amas lo que haces, tendrás éxito. Y también está el consejo de mi madre. Se dio cuenta de la falta de diligencia del hijo del dueño del ultramarinos del barrio y me dijo: «No abras una frutería si no te gustan las frutas».

Las buenas ideas de negocio surgen de las buenas preguntas

Cuando busques ideas de negocio, ten en cuenta la pregunta que se hace Jeff Bezos: «¿Qué no va a cambiar en los próximos diez años?». O mi pregunta para identificar negocios trascendentales: «¿Qué cambio de hoy tendría un impacto positivo en las personas durante al menos dos generaciones?».

---

69 Zuckerberg, Mark. *Mark Zuckerberg Quotes*. BrainyQuote.com. https://www.brainyquote.com/quotes/mark_zuckerberg_453450

70 Bonabeau, Eric. *Don't Trust Your Gut*. May 2003. Harvard Business Review. https://hbr.org/2003/05/dont-trust-your-gut

El espíritu empresarial no es para los pusilánimes

Es para quienes están dispuestos a hacer algo ahora, a soportar los contratiempos, los altibajos y los rechazos para hacer realidad sus sueños. Como dice el refrán: «Si no soportas el calor, sal de la cocina». Muévete rápido o quítate de en medio. Y recuerda que el deporte de los negocios es la competición por excelencia:

7 días a la semana x 24 horas al día x siempre

Vive unos años de tu vida como la mayoría de la gente no lo hará, para que puedas pasar el resto de tu vida como la mayoría de la gente no puede

Los emprendedores crean sus propios caminos y suelen disfrutar de una vida de prosperidad. También es sabio vivir cada día como si fuera el último.

Sigue trabajando duro, incluso en los momentos difíciles

Tus esfuerzos pueden dar sus frutos. Nelson Mandela decía: «Siempre parece imposible hasta que se hace»[71].

Considera la posibilidad de dedicar unos años a construir un negocio en vez de pasarte la vida creándolo para otra persona

Como dijo Kevin O'Leary: «Nadie te obliga a trabajar en Walmart. ¡Monta tu propio negocio! Véndele algo a Walmart!»[72]. Y si crees que crear una empresa es demasiado arriesgado, recuerda el dicho de Jeff Bezos: «Ante un 10 % de posibilidades de obtener un beneficio cien veces mayor, deberías aceptar esa apuesta»[73].

---

71 Mandela, Nelson. *Nelson Mandela Quotes*. BrainyQuote.com. https://www.brainyquote.com/quotes/nelson_mandela_378967

72 O'Leary, Kevin. *Kevin O'Leary Quotes*. BrainyQuote.com. https://www.brainyquote.com/authors/kevin-oleary-quotes

73 Bezos, Jeff. "Jeff Bezos' Quotes. Goodreads.com. https://www.goodreads.com/quotes/11111661-one-area-where-i-think-we-are-especially-distinctive-is

El valor de emprender no se puede medir

¿Preferirías ganar 300 000 dólares al año y trabajar todo el tiempo, o ganar 150 000 dólares al año y hacer lo que te gusta mientras impactas positivamente en el mundo?

No creas cuando los demás te digan que no puedes hacer lo que ellos no pueden hacer

Llegarán momentos en tu vida en los que tendrás que demostrar tu verdadera valía. Supera las expectativas de los demás y ten sentido de la urgencia para realizar las tareas correctas.

Cuando el alumno está preparado, aparece el profesor

Del mismo modo, cuando el emprendedor está preparado, aparece la idea de la *startup*. Nadie te obliga a trabajar en unos grandes almacenes, un banco o una consultora. Puedes optar por montar tu propio negocio y convertirte en proveedor de ellos.

No tengas miedo de innovar. Sé diferente

No tienes por qué hacer lo que hacen los demás solo porque quieras sentir que perteneces a algo. Atrévete a destacar. Creo que fue Charlie Munger, vicepresidente de Berkshire Hathaway, quien acertadamente dijo: «Imitar a la manada invita a la regresión a la media». Para dar nuestra mejor versión, inevitablemente tenemos que bailar con el miedo, confiando en que, si algo no sale bien, surgirán nuevas oportunidades.

Los que pueden, crean una *startup*; los que no, critican

Hay que admitir que los emprendedores tienen una mezcla de pasión, coraje, resistencia y una pizca de sana locura.

Quien no arriesga no cruza el mar

Ten presente este proverbio marinero para seguir adelante, suponiendo que hayas realizado un análisis de riesgos y decidido avanzar. Como creía André Gide, escritor galardonado con el Premio Nobel, «el hombre no puede descubrir nuevos océanos a menos que tenga el valor de perder de vista la orilla»[74]. Y hablando de metáforas náuticas, si tienes miedo de empezar, recuerda que los británicos derrotaron a la Armada española porque tenían barcos más pequeños, rápidos y flexibles.

Ten siempre en cuenta el mercado estadounidense para tu producto o servicio

Independientemente de tu ubicación, ten en cuenta que Estados Unidos tiene altos niveles de consumo y podría estar abierto a lo que vendes.

Ten cuidado con los sectores o negocios especialmente complejos

Invierte en negocios con beneficios, un flujo de caja fácil de entender y lugares en los que puedas aportar valor. Como advirtió sir Richard Branson: «Si quieres ser millonario, empieza con mil millones de dólares y lanza una aerolínea»[75].

Apunta los prismáticos hacia el unicornio

Mantén el radar encendido para prospectar empresas (para crearlas o invertir en ellas) que cumplan las cinco reglas de todos los unicornios: tener capacidad de apalancamiento, ser escalables, llegar a nivel internacional, tener un objetivo con propósito y ser únicas en algo.

No contrates a alguien a quien no le dejarías a tus hijos

Busca personal positivo, edificante y orientado a la acción. Pregúntales: «¿Qué personas excepcionales aportarías al equipo?». Escucha sus respuestas, ya que querrás líderes que piensen en incorporar a otros.

---

74 Gide, Andre. *Andre Gide Quotes*. BrainyQuote.com. https://www.brainyquote.com/quotes/andre_gide_120088

75 Branson, Richard. *Richard Branson Quotes*. BrainyQuote.com. https://www.brainyquote.com/quotes/richard_branson_452106

La única forma de salir de la carrera de ratas es asumir riesgos

La primera vez que leí que las personas mayores suelen arrepentirse de no haber asumido riesgos, me impactó[76]. Trabajar fuera de tu zona de confort suele ser necesario para salir adelante a largo plazo y llevar a cabo tu misión.

Sin plan B

Al plantearte un plan alternativo, podrías abocarte a un posible fracaso porque estás dividiendo tu energía y atención en dos. Al eliminar la red de seguridad de un plan B, nos vemos obligados a poner todo nuestro esfuerzo, determinación y recursos en hacer que nuestro plan A funcione. No te obsesiones con los resultados a corto plazo, ya que los proyectos llevan su tiempo y plantar las semillas para disfrutarlas más adelante merecerá la pena.

Achicar agua en un barco agujereado desvía la energía de remar la barca

Prioriza el crecimiento constante sobre la optimización de los procesos.

No te enamores de tus empresas: no tienen alma

Todas las empresas, como todas las personas, morirán tarde o temprano, así que véndelas cuando llegue el momento apropiado.

Tanto si trabajas por cuenta ajena como si diriges una empresa, sé siempre tu propio jefe

Non ducor; duco ('No soy jefe; dirijo'). Y si trabajas por cuenta ajena, pide una buena cantidad de acciones de la empresa, o al menos opciones sobre acciones.

---

[76] Pawlowski, A. *How to live life without major regrets: 8 lessons from older Americans.* November 17, 2017. https://www.today.com/health/biggest-regrets-older-people-share-what-they-d-do-differently-t118918

CAPÍTULO 7

Escuchar para comunicar con solidez

¿Me estás imitando para establecer simpatía instantánea?

Cuando mis hijas viajan conmigo, a veces se sorprenden de las conversaciones que mantengo. Cada vez que subo a un Uber, por ejemplo, pregunto al conductor sobre su vida y sus negocios. Quiero ver cómo ven la ciudad o el país donde estamos, y también su perspectiva sobre política.

Hago lo mismo en otros ámbitos de mi vida. En las empresas en las que he trabajado, siempre me aprendo los nombres de todo el mundo, incluido el personal de limpieza y los equipos de seguridad. Esto también llama la atención de mis familiares. En una ocasión, recuerdo que volví corriendo a la oficina por la noche con mis hijas para coger un documento que necesitaba. Al entrar, todos sabían mi nombre y me saludaron. Y yo les preguntaba por sus familias y cómo estaban.

En parte, lo hacía porque todo el mundo es importante, independientemente de su función. Además, para un líder es crucial ser buen comunicador; y para serlo se empieza escuchando, no hablando. Esto te permite aprender sobre los demás y generar confianza, empatía y relaciones más sólidas. En mi experiencia, he observado a líderes —bueno, llamémoslos directivos, que es una mejor explicación— que están claramente pensando en otras cosas cuando alguien les habla. Incluso si están escuchando lo que se dice, puede que no lo estén procesando. Solo cuando raramente bajan el ritmo y escuchan activamente, llegan a comprender el mensaje o la idea que se está compartiendo. Y aunque es muy comprensible que los líderes tengan que hacer malabarismos con muchas preocupaciones y tareas y les cueste concentrarse, los que escuchan activamente destacan sobre los demás. Los que tienen carisma suelen saber escuchar, ya que la gente se siente bien cuando se comunican con ellos. Escuchan atentamente y demuestran que valoran lo que se comparte con ellos.

Un aspecto que me gusta destacar cuando se trata de escuchar es prestar atención también a uno mismo. Dedicar tiempo a la introspección es esencial para ser un buen jugador de equipo y un buen líder. Pregúntate por qué te sientes de determinada manera, o qué ha ocurrido para que te enfades. Piensa en las palabras que quieres decir en una próxima reunión, sobre todo si sabes que habrá tensión en ella. Leer y escuchar pódcasts son otras formas de escuchar y crecer internamente. En el trabajo, escuchar los comentarios puede ayudarte a ver puntos ciegos de los que quizá no eres consciente; así puedes corregir tus errores o comportamientos para mejorar la situación.

A menudo tomo decisiones de inversión basándome en escuchar bien para absorber lo que se dice y analizar la información. De niño, me leía a mí mismo en voz alta debido a mi dislexia. Esto me daba la oportunidad de confirmar si lo que estaba leyendo era correcto. En algunos casos, cuando leía, identificaba mal una palabra o una letra, y entonces el ruido que salía de mi boca no sonaba bien para mi oído. Esto me sirvió para autocorregir mi lectura y mejorarla. También me ayudó a entrenar mi paciencia y mi capacidad de escucha activa.

Hoy en día también hago hincapié en la escucha y la comunicación en las reuniones de trabajo. A veces organizo reuniones en las que no se permiten teléfonos, para que todos podamos concentrarnos en el cara a cara. De hecho, también he hecho que los miembros del equipo utilicen lápices y papel para tomar notas, de modo que podamos mantenernos alejados de los dispositivos. Una vez, un trabajador sacó su móvil en una reunión. Para demostrar mi punto de vista, cogí su dispositivo y lo tiré por la ventana (tenía una buena relación con él y le compré un teléfono mejor después de la reunión, pero la acción me ayudó a demostrar mi punto de vista. Nadie volvió a sacar un teléfono después de aquello).

- Por desgracia, una mala comunicación puede hacer que se pierdan oportunidades de negocio. Pienso en una ocasión en la que fui a un sitio a que me dieran un masaje. Disfruté de la sesión y quise comprar un paquete de sesiones, pero durante la conversación con los trabajadores dependientes, me interrumpían una y otra vez. Acabé por no comprar más sesiones, simplemente porque no podía decir ni una palabra.

Las siguientes citas son algunos de mis refranes y descripciones favoritas sobre la comunicación. Mientras las lees, tómate un tiempo para reflexionar sobre tus conversaciones cotidianas. Puede que aprendas estrategias que te ayuden a mejorar tu capacidad de escucha. Yo lo veo como un ejercicio continuo. Creo que algunas de mis mejores ideas suelen surgir de conversaciones inesperadas, así que estoy abierto a todas las aportaciones, todo el tiempo. Y pienso continuamente en cómo puedo ser más consciente de lo que me rodea para mantener mis relaciones sanas y hacer crecer mis negocios.

Líderes y comunicación

Para alcanzar todo su potencial, mejora tus habilidades de comunicación

La mayoría de los problemas actuales en las relaciones se deben a la incapacidad de las personas para comunicarse. Empieza por ser más consciente de cómo hablas y de tu lenguaje corporal. A continuación, reconoce el valor de los demás prestándoles toda su atención cuando hablan. Por último, infunde en cada interacción una energía positiva contagiosa.

La confianza no se forma a través de una pantalla, sino a través de una mesa

Como norma, si es posible, consigue reuniones cara a cara. Recuerdo de una cita de Brené Brown: «Necesitamos confiar para ser vulnerables, y necesitamos ser vulnerables para crear confianza»[77].

Trata a todo el mundo decentemente para sacar lo mejor de ellos

Respeta siempre a todos. Comprende los puntos fuertes y débiles de cada uno y saca lo mejor de sus puntos fuertes, siempre con amabilidad.

En una presentación, cuenta las risas

Si tú no te diviertes, nadie lo hará. Cuantas más risas, más probabilidades tendrás de vender.

En cada presentación conviértete en un actor sobre un escenario

Analiza, sintetiza, ensaya y actúa para ser digno de aplauso. Evita este comentario gracioso que oí sobre una presentación muy aburrida: «Olvidamos el principio, no escuchamos lo que siguió y nada nos gustó tanto como el final».

---

[77] Brown, Brené. *Brene Brown Quotes*. Goodreads.com. https://www.goodreads.com/quotes/9836685-we-need-to-trust-to-be-vulnerable-and-we-need

Hacer preguntas es más útil que ofrecer consejos

Intenta formular preguntas que empiecen con «¿qué?». Aléjate de las que empiezan por «¿por qué?».

Si detectas un problema, no pases de largo sin abordarlo

Arréglalo tú mismo o pide a otra persona que lo investigue. Esto se aplica a tu casa, a tus amigos y a la comunidad en general.

Cada persona tiene una perspectiva diferente

Céntrate en las positivas o prácticas.

Sé breve y conciso

Como decía mi tío abuelo Eugenio d'Ors: «Una síntesis vale por diez análisis»[78].

Pide en lugar de quejarte

Para conseguir lo que quieres, mejora tus habilidades para pedir. Lo único peor que provocar discusiones difíciles en el trabajo es no tenerlas.

Planifica y practica antes de una conversación difícil

La impresión que causes es más importante que tus conocimientos técnicos.

¿Signos infalibles? Actúa

Presta atención a las señales que indican que tu jefe o tu pareja están a punto de sentarte para una discusión difícil. Puede que ya no pidan tu opinión. Las conversaciones, antes largas, pueden terminar en uno o dos minutos. Puede que no te devuelvan las llamadas ni respondan

---

[78] Peña, Bernardo. *Frases célebres de Eugenio d'Ors*. May 18, 2023. psicoactiva.com
https://www.psicoactiva.com/blog/frases-celebres-de-eugenio-dors/

a tus correos electrónicos. Si ves estas señales, haz algo para conocer el problema y tomar medidas para corregirlo.

Rompe el hielo con FORS

Pregúntales por su **f**amilia, **o**cupación, **r**ecreación (aficiones) o **s**ueños (conseguidos o deseados).

Utiliza la comunicación masiva

Aprovecha al máximo la comunicación sincrónica, como los almuerzos (procura no comer nunca solo), las reuniones (breves para que sean productivas) y las videollamadas (para establecer una buena relación). Utiliza la comunicación asíncrona para mantener el debate. Considera herramientas como Slack, Notion, Vidyard y Discord para actualizaciones en tiempo real y colaboración asíncrona.

Las etiquetas se convierten en profecías

Si pones etiquetas negativas a tus colegas o a tus hijos, ellos se verán a sí mismos de forma similar. En lugar de eso, identifica los puntos positivos de los demás y utiliza tus palabras sabiamente para reforzar sus comportamientos positivos.

Da las gracias

Practicar la gratitud a diario es fundamental para mejorar la resistencia mental. Al igual que desarrollar los músculos, cultivar la gratitud requiere un esfuerzo constante. Utiliza tu *smartphone* como diario para anotar tus reflexiones diarias; por ejemplo, por qué te sientes agradecido y cómo vas a dar las gracias. O prueba mi método: en lugar de llevar un diario, utilizo mis tres momentos de cepillado de dientes como diarios de reflexión y gratitud. También me gusta respirar hondo y reírme antes de cada reunión para enviar buenas vibraciones a las personas con las que me voy a reunir.

Actúa, no expliques

A menudo puedes influir más con tus actos que con tus palabras.

No sabemos lo que no sabemos

Escucha. Asume que la persona con la que estás puede saber algo que ignoras. Muéstrate abierto a nuevas perspectivas. Aprecia todas las ideas. Todo el mundo sabe más o tiene más experiencia que tú en un área. Como solía decir Charlie Munger cuando analizaba inversiones: «Cualquier año que pase en el que no destruyas una de tus ideas más queridas, es un año perdido»[79].

Al negociar, cuanto menos hables, mejor

En primer lugar, cuanto menos hables, más listo parecerás. En segundo lugar, cuando ya has compartido tu posición, solo irás hacia abajo si continúas hablando. La mayoría de las veces, la siguiente persona en hablar suele perder. La gente odia el silencio, ya que incomoda, así que empiezan a hablar y pueden compartir información crítica que podrías utilizar durante la negociación a tu favor.

Cuando discutas, tómate un tiempo para recuperar el control y calmarte

Si es posible, fija un objetivo concreto para la confrontación antes de que se produzca. Piensa qué quieres decir y cómo decirlo. Controla tus palabras y evita levantar la voz, interrumpir, amenazar o poner ultimátums.

Elogia en público, critica en privado

Reconoce el mérito cuando corresponda y critica el comportamiento, nunca a la persona. Si te critican a ti, valora lo que se dice. Recuerda las palabras de Marco Aurelio que indican que si la crítica es correcta y estamos en un error, entonces la persona nos ha hecho un favor y podemos corregir nuestro error[80].

---

79 Munger, Charlie. *Charlie Munger Quotes*. WonderfulQuote.com. https://www.wonderfulquote.com/a/charlie-munger-quotes

80 *How to Not Be Afraid of Criticism*. Daily Stoic. https://dailystoic.com/how-to-not-be-afraid-of-criticism/#:~:text=As %20Marcus %20Aurelius %20writes %2C %20if,and %20already %20be %20fixing %20it

Adapta tus elogios

Todo el mundo tiene preferencias personales. A algunos les encantará que los aplaudas durante una reunión de personal. Otros preferirán que les des las gracias en privado. Pero no pierdas ninguna oportunidad de hacer un elogio genuino y bien merecido.

Cuando critiques, utiliza el método del sándwich

Empieza y termina con algún cumplido sincero. Y asegúrate siempre de que la crítica sea constructiva.

Utiliza palabras y frases impactantes

Las seis palabras más importantes que puede pronunciar un líder: «Mi confianza en ti es total». Las cinco palabras más importantes: «Estoy realmente orgulloso de ti». Las cuatro más importantes: «¿Cuál es tu opinión?». Las tres: «¿Podrías, por favor». Las dos: «Muchas gracias». La más: «Tú».

Aprende técnicas para hablar en público

Únete a Toastmasters o a una organización similar para aprender a hablar en público. No dejes que el miedo escénico te robe el éxito; en lugar de eso, convierte la ansiedad previa a la actuación en combustible para disfrutar del espectáculo. Además, recuerda que a la gente no le gustan los que se comportan como sabelotodos y presumen de su cargo o función. Para liberar la tensión en la sala, intenta hacer buen uso de chistes que impliquen un poco de autocrítica, o inventa una interpretación hilarante de algo conocido, como las siglas de un competidor. Recuerdo que me reí cuando oí a alguien indicar que el nombre de Ford significaba en realidad *Fix Or Repair Daily*.

Domina el arte de contar historias

Los grandes oradores cuentan historias para expresar su pasión por el tema y conectar con su público. Las historias ilustran, iluminan e inspiran.

Cuenta una historia con pasión en lugar de relatar un hecho

Inspira al público en lugar de motivarlo. La motivación dura un momento, mientras que la inspiración permanece durante años. Termina a lo grande con una carcajada, una lágrima o una declaración poderosa.

Es tarea del líder iniciar el contacto con la gente

Tras iniciar la conversación, escucha y no interrumpas. Evita las palabras «no», «pero» y «sin embargo», que podrían tener una connotación negativa.

Un pastor debe oler a sus ovejas

No pierdas el contacto con quienes trabajan para ti. A la gente no le interesa cuánto sabes, sino cuánto te preocupas por ellos. Pregúntales por su vida fuera del trabajo, entiende a sus familias y, cuando las cosas se pongan feas, ¡preséntate!

CAPÍTULO 8

Las claves del liderazgo

*El éxito no es tan gratificante como parece.
César fue el mayor emperador que ha existido
y le pusieron su nombre a una ensalada*

Un gran liderazgo comienza con los principios básicos de tener un propósito y relaciones sólidas, estar abierto a las oportunidades y escuchar activamente. También incluye saber cómo formar un equipo, delegar y tomar decisiones (decisiones que a menudo son difíciles y cuyas consecuencias afectan a los empleados). Por estas razones, el liderazgo es un área compleja que implica un aprendizaje continuo. Siempre estoy leyendo y recopilando información sobre cómo desarrollar mis propias habilidades.

He ocupado muchos puestos directivos, como el de director de Desarrollo Empresarial de Codere Group y director general de Codere Interactiva. Conseguimos multiplicar por diez sus ingresos y beneficios antes de su salida a bolsa con valoración de unicornio. Fui presidente de Intralot, un proveedor de tecnología de juegos y loterías que también cotiza en bolsa y es uno de los mayores operadores de apuestas deportivas del mundo. He sido vicepresidente global de ventas de FreeBalance, una empresa canadiense de consultoría y SaaS cuya misión es capacitar a los gobiernos para impulsar el crecimiento económico y fomentar la transformación digital. Soy socio general de Savia Capital, un fondo de inversión alternativo, y presidente de Reental, la plataforma de inversión líder en tokenización inmobiliaria.

Los menciono aquí porque a lo largo de mi carrera, en cada puesto de liderazgo que he ocupado, he hecho crecer y he desarrollado equipos para llevar a cabo el trabajo. A la hora de contratar, me gusta hacer algo más que varias preguntas en una entrevista. Prefiero llevar a los candidatos a comer, donde la conversación puede versar sobre su familia, intereses, sueños y aficiones. Al escucharlos, puedo saber qué es importante para ellos y ver si sus valores coinciden con la cultura de la empresa...

También trato de compartir las expectativas con los nuevos empleados, que incluyen la necesidad de transparencia y de transmitir las ideas de forma constructiva. Busco la empatía entre los miembros del equipo y creo que los errores deben estar permitidos. De hecho, podemos aprovecharlos para aprender y crecer juntos. Aun así, establezco algunos límites y menciono que después de tres *strikes* (o errores similares), se suele pedir a una persona que se marche. Prefiero las reuniones breves, en las que todo el mundo tiene la oportunidad de explayarse e ir al grano en sus comunicaciones. Después de establecer estas directrices, me gusta reunirme con los recién contratados al cabo de un mes para ver cómo están.

Pido su opinión antes de tomar decisiones para la empresa, sobre todo cuando se trata de asuntos delicados. En una de las multinacionales en las que desempeñé un papel de liderazgo, formé parte de un equipo que hizo crecer la plantilla de la empresa hasta alcanzar miles de empleados. Sin embargo, en un momento dado, debido a un cambio de circunstancias, tuvimos que despedir personas. Fue un reto inmenso, y pesó mucho sobre mis hombros. Busqué la manera de que la gente se quedara un poco más, o al menos encontrara una nueva dirección o posición. Fue un momento muy difícil, y descubrí que presentar las noticias de forma honesta, junto con conocer la opinión de los demás, nos ayudó a todos a superar el reto.

Estar en la cima no es fácil, y puede ser útil ver el enfoque que otros han adoptado para liderar con éxito. En su libro *Diary of a CEO*, Steven Bartlett, empresario e inversor[81], comparte algunos de sus propios aprendizajes tras ocupar este cargo. Enumero aquí algunos para iniciarnos en este tema:

- El líder espiritual Yogi Bhajan dijo una vez: «Si quieres aprender algo, lee sobre ello. Si quieres entender algo, escribe sobre ello. Si quieres dominar algo, enséñalo».

- Si no te preocupas por los pequeños detalles, harás un mal trabajo, porque un buen trabajo es la culminación de cientos de pequeños detalles. Las personas con más éxito del mundo se preocupan por los pequeños detalles.

- Se puede predecir el éxito de una persona en cualquier área de su vida observando lo dispuesta y capaz que es a enfrentarse a conversaciones incómodas. Tu progresión personal está atrapada detrás de una conversación incómoda.

En tus propias áreas de liderazgo, tendrás que tomar decisiones y colaborar con gente. Te aconsejo que consideres las siguientes citas

---

81 Bartlett, Steven. *The Diary of a CEO.* 2023. Ebury Edge.

como una experiencia de aprendizaje. Es posible que encuentres algunas ideas que puedas aplicar a tu propio lugar de trabajo. Aunque aún no desempeñes un papel de liderazgo, saber qué hacer (y qué evitar) puede ayudarte a prepararte para el camino que tienes por delante.

Sobre el liderazgo

Asume toda la responsabilidad de tus decisiones.

Sé responsable, rechaza tu propio victimismo y evita a las personas negativas.

Para abrir la mente de la otra persona a tus argumentos, di la verdad, o al menos no mientas

...y sé tú mismo. Con eso basta.

Sé amable, agradecido y valiente

Aunque puede ser difícil ser valiente, a menudo es necesario si quieres hacer lo que hace cantar a tu corazón. A veces, seguir tu pasión te llevará a un éxito inesperado.

El liderazgo no consiste en hacer, sino en ser

O al menos, consiste en hacer menos y ser más.

El liderazgo es situacional

El tipo de liderazgo (autoritario, motivacional, de servicio, etc.) a aplicar en cada momento dependerá de las circunstancias y de las personas a las que dirijas. En general, evita el estilo autocrático estricto y, en el otro extremo, el permisivo que satisfaga las peticiones de todos. Para la mayoría de las ocasiones, prueba el estilo autoritario que apoya pero no controla. Suele ser el enfoque más eficaz. En lugar de preguntar «¿Tienes algún problema?», pregunta: «¿Hay algo en lo que quieras que te ayude?».

Los líderes ponen las reglas frente a los títeres

Las marionetas se limitan a mantener el *statu quo* social; los líderes rompen filas de vez en cuando. El trabajo del líder no consiste en dar la hora, sino en construir relojes que duren y trasciendan generaciones. El liderazgo consiste en llegar donde nadie ha llegado.

La principal habilidad de cualquier líder o director general es vender

Las otras dos son escuchar y delegar. Los líderes orientados a la misión tienen algo que enseñar. Su principal misión es mantener viva la visión para que la gente pueda entenderla y ver su papel en su consecución.

La gente buena hace algo

No basta con evitar el mal. También es esencial buscar formas de actuar y ayudar a los demás.

Sé una fuerza del bien

Esto incluye también las cosas pequeñas. Si hay un trozo de papel en el suelo, agáchate y recógelo. Sé un ejemplo y recuerda que no hay equipos malos, sino líderes malos.

Gestiona interactuando con valores

Sé un jefe exigente que cumple lo que dice.

El que brilla no alumbra

Conviértete en un faro, no en una linterna en la cara. Esto puede llevar tiempo. Como me decían mis amigos italianos sobre el liderazgo: *no si nasce, si diventa* ('no se nace, se llega a ser').

Actúa como si ya lo hubieras conseguido

«Finge hasta que lo consigas», según Amy Cuddy. Esta cita fue una de las principales conclusiones del programa de mejores prácticas de liderazgo en el que participé en la Harvard Business School[82].

Empieza con el porqué

En su libro *Empieza con el porqué*, Simon Sinek demuestra que los líderes que han tenido un mayor impacto en el mundo piensan, actúan y se comunican de la misma manera. Empiezan explicando su «porqué». «La gente no compra lo que haces; compra por qué lo haces», dice.

Sin embargo, el «porqué» debe ir acompañado y conectado con el «cómo». Hay muchos ejemplos que ilustran este principio. Bill Gates tuvo la idea de Microsoft, pero Paul Allen la construyó. Steve Wozniak creó Apple, pero fue Steve Jobs quien aclaró el porqué de la empresa. Una persona puede tener la idea/visión (el porqué), pero otra debe tener las capacidades/los recursos (el cómo)[83].

Los líderes no pueden pasar desapercibidos: tienen que ser visibles

Los líderes con más éxito se preparan y actúan antes de las reuniones. Son generosos y enérgicos; están constantemente aprendiendo, estableciendo contactos, corriendo riesgos inteligentes y pasando a la acción.

Comparte las malas noticias lo antes posible

Esto genera confianza a largo plazo.

No culpes a nadie

Si acusas a alguien, romperás la confianza. Asume también sus errores. Aunque no hace falta autoflagelarse, perdona cuando tú o los demás cometáis errores.

---

82 Ryan, Janel. *Fake it till you become it.* May 3, 2018. Netscout.com. https://www.netscout.com/blog/fake-it-until-you-become-it-amy-cuddy

83 Sinek, Simon. *Start with Why.* Penguin, 2011.

Aquí acaba la responsabilidad

Asume tu responsabilidad y no retrases las conversaciones o decisiones difíciles.

Sé sabio, audaz y un buen jugador de equipo

La sabiduría nos permite reconocer cuándo cambian las circunstancias. Necesitamos tener el valor de aprovechar *esas oportunidades* cuando surgen. También es importante ser un buen jugador de equipo. Aunque a menudo seas el jugador principal, nunca puedes ganar a lo grande solo. Según Michael Jordan, «el talento gana partidos, pero el trabajo en equipo y la inteligencia ganan campeonatos».

Involúcrate en la prueba y el error, fracasa y vuelve a intentarlo

Michael Jordan también dijo: «Puedo aceptar el fracaso, todo el mundo fracasa en algo. Pero no puedo aceptar no intentarlo»[84]. Concéntrate en dar pasos graduales en lugar de movimientos drásticos. Por ejemplo, prueba un nuevo trabajo antes de comprometerte del todo.

---

84 Jordan, Michael. *Michael Jordan Quotes.* BrainyQuote.com https://www.brainyquote.com/quotes/michael_jordan_385092

CAPÍTULO 9

Tu resistencia única

*Las cosas siempre mejoran después de empeorar,
así que es bueno empeorar las cosas lo antes posible*

Cuando crecía en España, era obligatorio hacer un examen de conducir para sacarse el carné. Tenías que tener al menos dieciocho años para presentarte al examen. Si aprobabas, podías conducir legalmente, y si suspendías, tenías que volver a hacer el examen para sacarte el carné.

Cuando cumplí dieciocho años, no me preocupé; ya conducía desde los dieciséis. Cogía el coche de mi padre (mientras él dormía) y salía con los amigos; nunca tuve problemas al volante. De hecho, me encantaba. Me apunté al examen y supuse que sería fácil.

Para mi sorpresa, el examen no salió como había planeado. Cometí un error y acabé suspendiendo. Ese día tuve que volver a casa sin carné. Al final volví a hacer el examen y aprobé, pero el suceso fue tan inesperado que aún hoy lo tengo presente.

Poco después tuve que hacer otro examen peculiar. Este era general, y los resultados te abrían las puertas de una universidad o te llevaban a buscar otra cosa. Yo quería ir a una universidad concreta, y sabía que tenía que aprobar el examen con nota para conseguirlo.

En aquella época, los estudiantes pasaban varios meses estudiando para prepararse para el gran día. Era un poco como intentar recordar todo lo que habíamos aprendido en los últimos cinco años. Había dos categorías principales: ciencias y artes. El día del examen, un sorteo determinaba una de ellas y se aplicaba al texto. Si salía ciencia, tendríamos que responder a preguntas relacionadas con la ciencia; si salía artes, pues relacionadas con arte.

Decidí hacer una apuesta. Estudiaría mucho para la categoría de ciencias y me arriesgaría a que fuera la elegida el día de los exámenes. De ese modo, podía hacerlo muy bien y dar respuestas exhaustivas. También me ahorraba repasar material que no me interesaba tanto.

Llegó el día previsto y, junto con los demás alumnos, observé qué categoría se elegía. Como en un juego de máquinas recreativas, los responsables sacaban una bola. Una de las bolas indicaba las artes, mientras que la otra señalaba las ciencias. Todos los ojos estaban puestos en los instructores mientras preparaban la lotería. Entonces sacaron una bola y fue para las artes.

Me invadió una intensa tensión. No había estudiado nada para esa categoría. Tenía la opción de no responder a ninguna pregunta o simplemente hacerlo lo mejor que pudiera. Decidí intentarlo.

Como pueden imaginar, no obtuve una puntuación muy alta. Sin embargo, conseguí las notas necesarias para entrar en la universidad deseada. Una vez allí, hice una doble licenciatura en Empresariales y Economía, dos asignaturas que me apasionaban, y desde entonces he intentado inculcar a mis hijas el principio del aprendizaje permanente y la humildad, lo que me llevó a continuar mis estudios y obtener un MBA por el IESE, un máster en Finanzas por el CEF, así como otros numerosos programas en la Harvard Business School, Stanford, el MIT y Berkeley, entre otros.

He tenido algún momento (o más) en que he sentido que he fracasado. Además de no aprobar el examen de conducir al primer intento y de no responder como hubiera querido el examen de acceso a la universidad, me he enfrentado a muchos otros reveses. He formado parte de consejos de administración y he llegado a no coincidir con la ética de gestión de los principales implicados en la empresa. Me han despedido y también he tenido que decir adiós a otros.

A pesar de todo, he encontrado técnicas y estrategias para superar los momentos difíciles. Si estás pensando con originalidad, rompiendo algunas reglas o el *statu quo* para crear un cambio positivo e intentando marcar la diferencia como empresario, es probable que el fracaso forme parte de ese viaje. Pero no tiene por qué ser un punto final. Por el contrario, puede ser un momento que te permita reflexionar, aprender y establecer un plan para seguir adelante.

En la siguiente sección, tendrás la oportunidad de conocer algunas de las frases que más me han ayudado. Te invito a considerarlas también para tu vida personal y profesional. Pueden servirte para evaluar riesgos, tomar decisiones y mantenerte motivado. Una vez superados los contratiempos, serás más fuerte y sabio para avanzar hacia días mejores y más exitosos.

Superar el fracaso y desarrollar la resiliencia

Fracasar es no tener el valor de intentarlo

De hecho, el fracaso no existe. El fracaso es una terminología del ego; nuestra esencia solo aprende y mejora. Como dijo Winston Churchill: «El éxito consiste en tropezar de un fracaso a otro sin perder el entusiasmo»[85].

Reconoce que está bien hacer cosas difíciles

Ralph Waldo Emerson afirmó: «Lo que tienes miedo de hacer es un claro indicio de lo siguiente que tienes que hacer»[86].

Acepta tu realidad

Ya sea mala o buena, sigue adelante. Un mal acontecimiento o la mala fortuna siempre pueden transformarse en algo de valor, aunque solo sea para adquirir experiencia y la capacidad de simpatizar con otros en una situación similar. Como nos enseñaba mi profesor de latín: *Per aspera ad astra* ('a través de las dificultades, hacia las estrellas').

Recuerda que llegará otro plan

«Prepárate para lo peor y espera lo mejor, pero consuélate sabiendo que estarás bien incluso si todo se tuerce», según Trey Gowdy[87].

Se sobrevalora la motivación y se infravalora la fuerza de voluntad

Hay una alegoría sobre la longitud de la vela frente a la cerilla. La longitud de la vela representa la fuerza de voluntad. La cerilla representa la motivación. Para optimizar tu fuerza de voluntad, tendrás que

---

[85] Churchill, Winston. *Winston Churchill Quotes*. Goodreads.com. https://www.goodreads.com/quotes/19742-success-is-stumbling-from-failure-to-failure-with-no-loss

[86] Emerson, Ralph Waldo. *Ralph Waldo Emerson Quotes*. Goodreads.com. https://www.goodreads.com/quotes/9989196-what-you-are-afraid-to-do-is-a-clear-indication

[87] Gowdy, Trey. *Start, Stay or Leave Summary*. Instaread. https://instaread.co/insights/self-help-personal-growth/start-stay-or-leave-book/26l8rq67d9

aprovechar el poder de las tres afirmaciones que controla nuestro córtex prefrontal. Estas son: «lo haré», «no lo haré» y «quiero». No dejes que una domine sobre las otras; considera las tres a partes iguales.

Negocia con el miedo, el dolor y el cansancio

Escucha y negocia con ellos para dar el siguiente paso y pasar al siguiente nivel de resiliencia. Levántate y vuelve a empezar porque esto no acaba cuando te cansas, sino cuando dejas de intentarlo.

Vive enfrentándote a tus miedos

De uno en uno, y de los más pequeños a los más grandes. Cuando conquistas tus miedos, conquistas tu vida. Recuerda el famoso discurso de Franklin D. Roosevelt: «No hay nada que temer, salvo al propio miedo»[88].

Piensa a largo plazo

Como dijo Napoleón Bonaparte: «La razón por la que la mayoría de la gente fracasa en lugar de triunfar es que cambia lo que más quiere por lo que quiere en ese momento»[89]. Y Winston Churchill dijo: «Si estás pasando por un infierno, sigue adelante»[90].

Si vives con miedo al fracaso no sacarás todo tu potencial

Las personas que tienen miedo al fracaso no pueden salirse de lo establecido, y mucho menos pensar de forma diferente. Los que van a lo seguro viven en minúsculas y muchos lo lamentan al final de sus vidas. Como afirmó el general George Patton: «El miedo mata más gente que la muerte»[91].

---

88 *FDR's Fireside Chat on the Recovery Program*. Educator Resources. National Archives. https://www.archives.gov/education/lessons/fdr-fireside

89 Bonaparte, Napoleon. *Napoleon Bonaparte Quotes*. Prisca Weems. https://www.priscaweems.com/

90 Churchill, Winston. *Winston Churchill Quotes*. Goodreads.com https://www.brainyquote.com/quotes/winston_churchill_103788

91 Patton, George. *George S. Patton Quotes*. Goodreads.com. https://www.goodreads.com/quotes/10213385-fear-kills-more-people-than-death

Ser valiente no consiste en no tener miedo, sino en seguir adelante con él

Como dijo Winston Churchill en un famoso discurso: «El éxito no es definitivo; el fracaso no es fatal: lo que cuenta es el valor para continuar»[92].

Sigue avanzando hacia tus objetivos

Cuando todo parezca ir en tu contra, recuerda que tanto el avión como la cometa despegan contra el viento, no con él. Si no persigues lo que quieres, nunca lo tendrás. Si no preguntas, la respuesta siempre será no. Si no avanzas, siempre estarás en el mismo sitio. Como animó Eleanor Roosevelt: «Haz cada día una cosa que te asuste»[93]. También afirmó: «Debes hacer lo que crees que no puedes hacer»[94].

Mantén una mentalidad fuerte y optimista

Eres lo bastante fuerte como para enfrentarte a cualquier cosa, aunque ahora mismo no lo parezca. Toda el agua del mar no puede hundir un barco a menos que entre en él. Del mismo modo, la negatividad del mundo no puede hundirte a menos que permitas que entre en ti. Ten en cuenta que los sueños no se hacen realidad en un chasquido de dedos. Requieren paciencia y determinación.

No te dejes inspirar; inspírate, sé audaz

No tengas miedo, mantente preparado y listo. Séneca sugirió: «Produzcamos también algún acto audaz por nuestra cuenta, y unámonos a las filas de los más emulados»[95]. Pide ayuda, espera lo mejor, pla-

---

92 Churchill, Winston. *Winston S. Churchill Quotes*. Goodreads.com. https://www.goodreads.com/quotes/3270-success-is-not-final-failure-is-not-fatal-it-is

93 Roosevelt, Eleanor. *Eleanor Roosevelt Quotes*. Goodreads.com. https://www.goodreads.com/quotes/25106-do-one-thing-every-day-that-scares-you

94 Roosevelt, Eleanor. *Eleanor Roosevelt Quotes*. Goodreads.com. https://www.goodreads.com/quotes/3823-you-gain-strength-courage-and-confidence-by-every-experience-in

95 Seneca. *Moral Letters*. Goodreads.com. https://www.goodreads.com/quotes/10286057-let-us-also-produce-some-bold-act-of-our-own-and

nifica lo peor y prepárate para una sorpresa. *Audentes fortuna iuvat* ('la fortuna favorece a los audaces').

Los ganadores no temen perder

Perder forma parte del camino hacia el éxito. Evitar el fracaso significa evitar el éxito. Crea un ave fénix de las cenizas. Como dijo Lao Tsu: «El fracaso es la base del éxito, y el medio por el que se alcanza»[96].

Los fracasos son oportunidades para aprender y hacerlo mejor la próxima vez

Piensa en tu mayor problema. Ahora, intenta considerarlo un regalo: una oportunidad para aprender algo sobre ti mismo. El fracaso efectivo es un aprendizaje importante y un paso positivo hacia el éxito. Te dice lo que hay que mejorar, así que no tienes que temerlo. En lugar de eso, escúchalo. Como afirmó Thomas Watson, fundador de IBM: «Si quieres aumentar tu tasa de éxito, duplica tu tasa de fracaso»[97].

Mantén la cabeza alta

Si estás en tu punto más bajo y no ves salida, recuerda que el sol siempre llega, incluso después de un día sombrío.

La mayoría de las veces, un «no» significa 'necesito más información'

Un «no» suele significar 'no entiendo', 'necesito algo diferente' o 'necesito más detalles'. Así que no te des por vencido tras una negativa, especialmente vendiendo o negociando, sino interprétala como la necesidad de seguir dialogando.

---

96 Tzu, Lao. *Lao Tzu Quotes*. Goodreads.com. https://www.goodreads.com/quotes/9589293-failure-is-the-foundation-of-success-and-the-means-by

97 Watson, Thomas. *Thomas J. Watson Quotes*. BrainyQuote.com. https://www.brainyquote.com/quotes/thomas_j_watson_209877

Las personas con éxito fracasan mucho más a menudo que las que no lo tienen

Todo se reduce a su actitud ante los obstáculos. Cuando una persona orientada al éxito se encuentra con un obstáculo, da lo mejor de sí misma. Y como algunos retos son difíciles de superar, a menudo fracasan. Pero se levantan, se sacuden el polvo y vuelven a intentarlo.

No se aprende a montar en bicicleta leyendo un libro

A andar se aprende andando. Está bien leer sobre las experiencias de otros, pero nada sustituye el aprendizaje de la acción masiva. Como solían recordarme mis amigos asiáticos durante mis años de vida en Indonesia y Singapur, una vez que acarrees tu propia agua, aprenderás el valor de cada gota.

Sé valiente

Como decía Anaïs Nin, «la vida se encoge o se expande en proporción al coraje de cada uno»[98].

Todo mejorará

Dijo Saadi Shirazi: «Ten paciencia. Todas las cosas son difíciles antes de volverse fáciles»[99].

Sumérgete en tareas difíciles

Y dijo Erin Van Vuren: «Estás desgastado, agrietado y abollado. Y eso está bien, porque nunca he oído hablar de una espada limpia y reluciente que haya ganado una guerra»[100].

---

98 Nin, Anais. *Anais Nin Quotes*. Goodreads.com. https://www.goodreads.com/quotes/2061-life-shrinks-or-expands-in-proportion-to-one-s-courage

99 Shirazi, Saadi. *Saadi Shirazi Quotes*. BrainyQuote.com https://www.brainyquote.com/quotes/saadi_155337

100 Morgan, Susie. *Susie Morgan Blog*. https://susiemorganlmft.com/worn-cracked-dented/

No busques razones por las que no puedes hacer algo

Según George Washington Carver, el 99 % de los fracasos provienen de personas que tienen el hábito de poner excusas[101].

El crecimiento y la comodidad no coexisten

Aceptar el fracaso y la incomodidad es el principal vehículo para el crecimiento. La medida definitiva de nosotros no es dónde estamos en los momentos de comodidad, sino dónde estamos en los momentos de desafío. Peter McWilliams afirmó: «Disponte a sentirte incómodo. Siéntete cómodo estando incómodo. Puede que sea duro, pero es un pequeño precio a pagar por vivir un sueño»[102]. Y Miguel de Cervantes dijo: «Quien pierde la riqueza pierde mucho; quien pierde un amigo pierde más; pero quien pierde el valor lo pierde todo»[103].

La vida es injusta: acostúmbrate

Fracasarás a menudo, sin embargo, por muy mal que se pongan las cosas, siempre tendrás lo suficiente para seguir adelante. Y recuerda que cada trauma, pequeño o grande, es una experiencia que luego puede servir para ayudar a otros en situaciones similares. Como dejó escrito Ernest Hemingway, «El mundo nos rompe a todos, y algunos se hacen más fuertes en los lugares donde fueron heridos»[104].

Espera al sol

Si estás en tu punto más bajo y no ves salida, recuerda que después de un tiempo sombrío, volvemos a ver el sol.

---

101 Carver, George Washington. *George Washington Carver Quotes*. BrainyQuote.com. https://www.brainyquote.com/quotes/george_washington_carver_158549

102 McWilliams, Peter. *Peter McWilliams Quotes*. BrainyQuote.com https://www.brainyquote.com/quotes/peter_mcwilliams_393223

103 de Cervantes, Miguel. *Miguel Cervantes Quotes*. Goodreads.com https://www.brainyquote.com/quotes/miguel_de_cervantes_157065?__cf_chl_tk=iwuKZjY5r-gYuytBGU5mCD3_qQSmjRON0ayJO_0kDLPo-1711011938-0.0.1.1-1706

104 Hemingway, Ernest. *Ernest Hemingway Quotes*. Goodreads.com https://www.goodreads.com/quotes/6592630-the-world-breaks-everyone-and-afterward-many-are-strong-at

Llegará una nueva estación

Como dice el proverbio japonés, «Si sientes que lo estás perdiendo todo, recuerda que los árboles pierden sus hojas cada año, pero siguen erguidos esperando que lleguen días mejores».

Esfuérzate por dar pequeños pasos

Dalai Lama dijo: «El objetivo no es ser mejor que el otro, sino que tu yo anterior»[105].

Abraza la sabiduría del *kintsugi*

El *kintsugi* es el arte japonés de reparar cuencos de cerámica rotos. A veces, una pieza es más bella solo porque estuvo rota. En cuanto a nosotros mismos, podemos crecer a partir de nuestros errores. En las relaciones, la confianza es como un jarrón: una vez roto, se puede volver a montar, pero ya no es lo mismo. En un enfoque más positivo, algo parecido ocurre con nuestra mente: una vez estirada por una nueva idea, nunca vuelve a sus dimensiones originales.

Busca lo que puedes hacer

Según Naval Ravikant, los médicos no te pondrán sano. Los nutricionistas no te harán delgado. Los profesores no te harán inteligente. Los gurús no te tranquilizarán. Los mentores no te harán rico. Los entrenadores no te pondrán en forma. En última instancia, tienes que asumir la responsabilidad. Sálvate a ti mismo[106].

Ichi go ichi e

Esta frase, equivalente a la más común *carpe diem*, me la dejó escrita un CEO de una empresa japonesa mientras compartíamos tazas de té verde en Osaka. Vivamos como si estuviéramos en una eterna ceremonia del té, degustando cada aroma, cada sabor, el confort y la

---

105 Lama, Dalai. *Dalai Lama Quotes*. Goodreads.com. https://www.goodreads.com/quotes/658473-the-goal-is-not-to-be-better-than-the-other

106 Ravikant, Naval. *Save Yourself*. MoveMeBlog. https://movemequotes.com/save-yourself/

temperatura del ambiente, el buen rollo de la gente que nos acompañaba, la conversación y las risas. Por cierto, otros dos interesantes conceptos japoneses que aprendí durante mi estancia en Osaka fueron *mushin* ('aceptar el cambio constante') y *kintsugi* ('arte de la resiliencia') que practicamos en las artes marciales como entrenamiento para la vida.

Bambolea tu camino hacia el éxito

En caso de duda, lo mejor que puedes hacer es lo correcto. De hecho, hacer lo correcto siempre es suficiente. Lo peor que puedes hacer es no hacer nada. Como señaló Theodore Roosevelt: «El único hombre que nunca comete un error es el que nunca hace nada»[107]. Y J. K. Rowling dijo: «Es imposible vivir sin fracasar en algo, a menos que tengas tanta cautela que en realidad no estés viviendo. En tal caso, has fracasado por defecto»[108].

Mantén la cabeza alta y sigue adelante

Como nos recuerda Hanna Shebar, «has cometido errores en el pasado, probablemente cometerás más en el futuro. Y eso está bien»[109].

Adopta el enfoque adecuado

Según Steven Bartlett, el 99 % del daño lo causas tú y tus pensamientos. El 1 % del daño lo causa la realidad, lo que realmente ocurre y el resultado. La mayoría de las veces, el problema no es el problema, sino la forma en que piensas sobre él[110].

---

107 Roosevelt, Theodore. *Theodore Roosevelt Quotes*. BrainyQuote.com https://www.brainyquote.com/quotes/theodore_roosevelt_163580

108 Rowling, J.K. *J.K. Rowling Quotes*. BrainyQuote.com. https://www.goodreads.com/quotes/61217-it-is-impossible-to-live-without-failing-at-something-unless

109 *100 Best Quotes that can Change Your Life*. Thousif. https://thousif.org/100-best-quotes-that-can-change-your-life/

110 Bartlett, Steven. *Steven Bartlett*. Twitter.com. https://twitter.com/StevenBartlett/status/1226192850104279040

Recuerda analizar el contexto

Rumi decía: «Si todo lo que te rodea parece oscuro, vuelve a mirar; puede que tú seas la luz»[111].

La experiencia es el rey, el dinero es la reina

Dijo H. Jackson Brown, Jr.: «He aprendido que cuando un hombre con dinero se encuentra con un hombre con experiencia, el hombre con experiencia acaba quedándose con el dinero y el hombre con dinero acaba quedándose con la experiencia»[112].

La familia siempre será tu mayor apoyo

La familia no solo incluye a los parientes consanguíneos, sino también a los grupos de apoyo, los mentores o los amigos íntimos. Gracias a su apoyo y ánimo, podemos sortear los altibajos de la vida y recibir orientación y sabiduría cuando nos enfrentamos a decisiones difíciles. Y desde luego, es mucho más fácil escuchar noticias trágicas si tienen seres queridos cerca.

El viento del norte hace a los vikingos

Al igual que las tormentas del norte hacen de los vikingos los mejores marineros, la mayoría de los problemas son oportunidades para crecer en ropa de trabajo. Como dijo el sabio Śantideva: «Si el problema puede resolverse, ¿por qué preocuparse? Si el problema no puede resolverse, preocuparse no te servirá de nada»[113].

---

111 Rumi. *Rumi Quotes*. Goodreads.com. https://www.goodreads.com/quotes/10574014-if-everything-around-seems-dark-look-again-you-may-be

112 Brown, Jr., H. Jackson. *H. Jackson Brown Jr. Quotes*. Goodreads.com. https://www.goodreads.com/quotes/7392015-i-ve-learned-that-when-a-man-with-money-meets-a

113 Śantideva. *Śantideva Quotes*. Goodreads.com. https://www.goodreads.com/author/quotes/29132._ntideva#:~:text=%C5%9A%C4%81ntideva%20Quotes&text=If%20the%20problem%20can%20be,will%20do%20you%20no%20good.&text=To%20cover%20the%20entire%20surface%20of%20the%20earth%3F

Esto también pasará

Tanto en tiempos difíciles como en tiempos de prosperidad, debemos recordar siempre que todo pasará tarde o temprano.

Lo que distingue a los ganadores de los perdedores es que los ganadores actúan y nunca se rinden

El jugador de béisbol Babe Ruth dijo: «Es difícil vencer a una persona que nunca se rinde»[114]. Mi padre, en una ocasión en que estábamos viendo juntos un combate de boxeo por televisión, me dijo: «Los campeones siempre se levantan después de ser noqueados». Y tenía razón.

---

114 Ruth, Babe. Babe Ruth Quotes. Goodreads.com. https://www.goodreads.com/quotes/5233279-it-s-hard-to-beat-a-person-who-never-gives-up

CAPÍTULO 10

Secretos para la autoestima

"For fast relief from stress, depression and anxiety, four out of five doctors recommend money!"

Para aliviar rápidamente el estrés, la depresión y la ansiedad, cuatro de cada cinco médicos recomiendan el dinero

Siempre que pienso en fomentar la autoestima, me acuerdo de la regla de las 10 000 horas. Como señala Malcom Gladwell en su libro *Outliers: La historia del éxito,* si trabajas en algo durante 10 000 horas, te convertirás en un experto en ello[115]. Cuando empecé a jugar al ajedrez, aprendí que se necesitaban aún más horas para destacar en ello. Se necesitan unas 20 000 para convertirse en un maestro, y 30 000 para ser un gran maestro.

Teniendo esto en cuenta, es fundamental aclarar que el área de la autoestima también requiere muchas horas de dedicación. Cuando miro hacia atrás en mi propia vida y carrera, a menudo he saltado rápidamente de un papel a otro, o de una experiencia a la siguiente. Me encanta experimentar, y eso puede reducir las posibilidades de convertirme en un experto en algo.

Aun así, en el ámbito de la autoestima, puede ser útil pensar que esta es el resultado de un proceso que se desarrolla a largo plazo. Una vez que hayas identificado una habilidad en la que quieres trabajar, reserva tiempo para trabajar en ella, sabiendo que no cambiarás de la noche a la mañana. Si haces algo que te gusta, puedes divertirte con ello y, al mismo tiempo, aumentar tu confianza.

Parte de tener autoestima incluye un enfoque optimista. Podemos controlar nuestra mente y nuestros pensamientos, y la forma en que piensas internamente puede influir en lo que ocurre en el exterior. Por eso siempre insisto en que la autoestima empieza en uno mismo. A medida que la vayas construyendo, podrás celebrar tus logros, por pequeños que sean. Trabaja para controlar tus pensamientos negativos; en algunos casos, un terapeuta o profesional puede ayudarte con eso.

Una de las formas que he encontrado útiles para reforzar la autoestima consiste en alinear las elecciones con principios y valores. Si lo haces, es probable que sientas que vas en la dirección correcta. Puedes desarrollar habilidades a través de tus experiencias y funciones.

---

115 Wong, Nathan Colin. *The 10,000-hour rule.* 2015 Sep-Oct. National Library of Medicine. https://www.ncbi.nlm.nih.gov/pmc/articles/PMC4662388/#:~:text=Throughout %20his %20book %2C %20Gladwell %20repeatedly,at %20least %2010 %20000 %20hours

Esto también puede hacer que te abras a nuevas oportunidades, ya que las verás como una forma de seguir creciendo y cumpliendo tu propósito.

Salir de tu zona de confort y asumir riesgos controlados también puede conducir a una autoestima positiva. Igual que cuando estás aprendiendo a esquiar, puede que empieces en las pistas azules en cuanto domines las verdes (lo que significa que has aprendido a caerte sin hacerte daño). Puede que al principio te inquieten, pero con el tiempo las dominarás. Entonces podrás ir subiendo poco a poco hasta llegar a las pistas negras. A medida que avances a cada nuevo nivel, puede ser divertido ver cómo mejoran tus habilidades.

Y cuando las cosas se pongan difíciles, recuerda seguir. El camino que tienes por delante dista mucho de ser perfecto. De hecho, cometerás errores, y cometerlos suele ser señal de que te estás esforzando. Adam Grant, en su libro *Potencial oculto*[116], aconseja aprender todo lo posible para crecer y pedir consejo constantemente a los demás para establecer nuevos objetivos.

Por último, siempre trabajo para ver la autoestima como un viaje muy personal. No me comparo con los demás. En cambio, me gusta mirar atrás y reflexionar de vez en cuando sobre lo lejos que he llegado. Lo divertido de la vida es que continuamente hay oportunidades de trabajar para mejorar, para crear una armonía desequilibrada —más adelante hablo de ella— y tener un impacto positivo en los demás.

En las siguientes citas, aprenderás a construir tu propia autoestima. Tal vez encuentres algunas estrategias que puedas aplicar de inmediato. Mientras lo haces, ten en cuenta que el cambio y el desarrollo suelen llevar tiempo, generalmente mucho más del que esperamos. Piensa dónde estarás dentro de tres o cinco años, o incluso más. Y luego disfruta del viaje.

---

[116] Grant, Adam. *What Straight-A Students Get Wrong*. October 25, 2023. Oprah Daily. https://www.oprahdaily.com/life/health/a45600301/adam-grant-hidden-potential-book-excerpt/

Amor propio y crecimiento personal

No dejes que las palabras de los demás te depriman

Es una pérdida de tiempo y energía. La gente no puede hacerte sentir ninguna emoción negativa —enfado, miedo, tristeza, opresión— a menos que tú se lo permitas. Olvídate de obtener la validación de los demás. En lugar de eso, da un paso y sigue adelante. Canaliza tu energía hacia lo que te haga sentir mejor.

Cambia tu enfoque a un punto fuera de ti mismo

En lugar de buscar tu valor a través de cosas que cambian constantemente, como el trabajo o las relaciones, puedes colocar el amor eterno de Dios en el centro de tu vida. Esto te liberará de la necesidad de amarte a ti mismo, para que puedas dirigir tu atención a los demás.

Lo que piensen de ti quienes te odian no es asunto tuyo

Deja de preocuparte por agradar a todo el mundo. Las opiniones de la gente son subjetivas y están influidas por sus propias creencias, experiencias y percepciones. Pueden formarse juicios basados en información limitada o en perspectivas sesgadas.

Todo el mundo tiene buenas intenciones

Vivir con esta actitud es bueno para todos. Puede ayudarte a mantener a raya la ira y el resentimiento. También es bueno para los demás, porque cuando asumes que intentan ser amables, los tratas con mayor amabilidad, paciencia y respeto, y muchas veces la vida te sorprende con profecías autocumplidas y círculos virtuosos.

Sé tú mismo

Según André Gide, «es mejor que te odien por lo que eres a que te amen por lo que no eres»[117].

---

117 Gide, Andre. *Andre Gide Quotes*. Goodreads.com. https://www.goodreads.com/quotes/14304-it-is-better-to-be-hated-for-what-you-are

Disfruta de lo que eres hoy

Como dijo Sigmund Freud: «Un día, en retrospectiva, los años de lucha te parecerán los más hermosos»[118]. Y Rich Webster dijo: «Dentro de veinte años, darías cualquier cosa por tener esta edad exacta, esta salud, estar en este momento exacto. Tómate un segundo para disfrutarlo ahora»[119].

Fíjate en lo lejos que has llegado

Epicuro afirmó: «No eches a perder lo que tienes deseando lo que no tienes; recuerda que lo que ahora tienes estuvo una vez entre las cosas que deseabas»[120]. Y Confucio añadió: «Tenemos dos vidas, y la segunda comienza cuando nos damos cuenta de que solo tenemos una»[121].

Que tu ego sea poroso

Cuando disolvemos los límites de nuestro ego, nos volvemos más abiertos a nuevas perspectivas, experiencias y conexiones con los demás. Nos permite abrazar la empatía y la comprensión, lo que conduce a interacciones y relaciones más significativas.

Ten autocontrol

Como decía Pitágoras, «cuando nos enfadamos, debemos abstenernos tanto de hablar como de actuar»[122].

---

118 Freud, Sigmond. *Sigmond Freud Quotes*. Goodreads.com. https://www.goodreads.com/quotes/33232-one-day-in-retrospect-the-years-of-struggle-will-strike

119 Webster, Rich. *Rich Webster*. Quotes. https://dailyquotes.io/page/2/

120 Epicurus. *Epicurus Quotes*. Goodreads.com https://www.goodreads.com/quotes/169009-do-not-spoil-what-you-have-by-desiring-what-you

121 Confucius. *Confucius Quotes*. Goodreads.com https://www.goodreads.com/quotes/950577-we-have-two-lives-and-the-second-begins-when-we

122 Pythagoras. *Quotes by Pythagoras*. Goodreads.com https://www.goodreads.com/author/quotes/203707.Pythagoras

Escríbete una carta

Si te cuesta hablarte a ti mismo con compasión después de un revés, escríbete un mensaje. Mantén un tono amable, como si estuvieras hablando con un amigo íntimo. Sé compasivo y no te juzgues en el mensaje. Analiza qué ha ido mal y cómo puedes cambiar las cosas para sentirte más feliz y realizado. Además, hacer el llamado «trabajo del espejo» puede cambiar tu estado de ánimo e incluso tu vida: mírate en un espejo y repítete a ti mismo palabras de afirmación.

Reflexiona sobre lo que agradeces a diario (e, idealmente, escríbelo)

Programa tres alarmas en tu teléfono para que suenen durante el día. Con la primera y la segunda, para un momento y reflexiona sobre los acontecimientos recientes por los que estás agradecido. Piensa en cómo actuarás y reaccionarás durante las próximas horas. Con la última alarma del día, repasa lo ocurrido durante la jornada y celebra las victorias y los aprendizajes. Esto mejorará tu estado de ánimo, establecerá la felicidad y desencadenará emociones positivas. Sé consciente de cuánta positividad experimentas. Y ahora que estás centrado, aprovecha para hacer una lista de tus objetivos con pequeños pasos procesables y empieza a trabajar en ellos (recuerda que las excusas son barreras entre los sueños y las acciones).

Lee para ampliar tu mente

Como dijo Patrick Bet David. «Leer una hora al día es solo el 4 % de tu jornada. Pero ese 4 % te situará en la cima de tu campo en diez años. Encuentra el tiempo»[123].

Sé amable con todo el mundo

Recuerdo una vez que me empujaron durante una excursión escolar debido a mi baja estatura en ese entonces. La acción me sorprendió y experimenté la sensación de objetivación. Desde entonces, miro a la gente de otra manera. Desde un punto de vista positivo, el empujón me hizo darme cuenta de que todas las personas con las que

---

123 Bet-David, Patrick. *Patrick Bet-David Quotes*. Goodreads.com. https://www.goodreads.com/quotes/11667063-reading-an-hour-a-day-is-only-4-of-your

nos cruzamos tienen algo que nosotros no tenemos. Puede que sean físicamente más fuertes, o que tengan más conocimientos en un área determinada. Nuestras experiencias con los demás son una gran oportunidad para observar sus conocimientos o pericia.

Pon tus problemas en perspectiva

A veces, incluso estar atrapado en un atasco puede parecer el fin del mundo. Pero si consideras los obstáculos que has encontrado a lo largo de tu vida, te darás cuenta de que estar atrapado en un atasco es la menor de tus preocupaciones. Crea una lista de los principales contratiempos que has tenido y tenla a mano para recordarte lo resiliente que eres.

Céntrate en el crecimiento

Cuando te centras en ti mismo, creces. Cuando te centras en la negatividad, la negatividad crece. Como dijo Steve Martin, «Sé tan bueno que no puedan ignorarte»[124].

Sé feliz siendo tú

Steve Jobs dijo: «Tu tiempo es limitado, así que no lo malgastes viviendo la vida de otra persona»[125].

No reprimas tus emociones

Esto no solo se aplica a las emociones negativas. Los sentimientos positivos también deben expresarse. Identifica a una o dos personas en las que puedas confiar tus emociones (puede ser uno de tus padres, un hermano, un amigo, un entrenador o un mentor) y compártelas activamente. No te guardes las emociones intensas —agradables o desagradables— para ti. Si dejas que fluyan, te sentirás mejor. Además, nunca se insistirá lo suficiente en la magia del papel y el bolígrafo. Cuando sientas que nadie te escucha como merecen tus sentimientos

---

[124] Martin, Steve. *Steve Martin Quotes*. Goodreads.com. https://www.goodreads.com/quotes/541674-be-so-good-they-can-t-ignore-you

[125] Jobs, Steve. *Steve Jobs Quotes*. BrainyQuote.com. https://www.brainyquote.com/quotes/steve_jobs_416854

sin que las cosas se pongan feas, coge papel y boli o tu bloc de notas digital para expresar tus sentimientos. Funciona. Y ¡nunca dejes de mirar hacia arriba!

Pon tu corazón en los proyectos

Como nos recuerda Tony Robbins, «Cuando vemos arte técnicamente perfecto, nos gusta. Pero cuando el artista entrega su alma al arte, nos encanta»[126].

Sé un *go-giver*, no un *go-getter*

Ser un *go-giver* significa tener un impacto positivo en los demás sin esperar nada a cambio, midiendo el éxito por la influencia positiva y el valor que aportamos a la vida de los demás. Además, el espíritu de un *go-giver* posee impulso, es proactivo y emprendedor. Están dispuestos a esforzarse para conseguir resultados y dedicarse al máximo para destacar en el campo que han elegido. Los *go-getter*, como podrás imaginar, son aquellos que buscan un beneficio individual y recurrentemente se quejan de lo injusta que es la vida.

Elige un objetivo estimulante cada año

Como hacer estiramientos todos los días, aprender a tocar un instrumento, empezar a practicar un arte marcial (por cierto, me encantan el kárate, el *krav maga* y el *jiu jitsu*). O podrías comprometerte a leer más o a hacer una llamada de la rana (una llamada que no te apetece hacer) cada semana.

Acepta el cambio

Evita preocuparte por cosas que no puedes controlar. Nunca tengas miedo de asumir riesgos controlados, pero sé inteligente a la hora de decidir qué riesgos asumir. No son los más fuertes ni los más inteligentes los que sobreviven y prosperan, sino los que mejor saben gestionar el cambio.

---

[126] Robbins, Tony. *The Holy Grail of Investing*. Simon & Schuster, 2024.

Juega tu propio juego y nunca te compares con los demás

Probablemente empezaron su carrera antes que tú o tienen una formación diferente. Haz lo correcto para ayudar a todos y evita las tentaciones egoístas de competir con alguien que no seas tú. Compárate contigo mismo ayer. Intenta ser una versión mejor de ti cada día.

La vida nos golpea a todos, y a veces con dureza; nadie se libra

La diferencia es que algunos responden con menos dramatismo porque ya están acostumbrados a golpes cada vez más desagradables (de eso se aprende mucho en el dojo). Para aumentar tu resiliencia, intenta ponerte en situaciones difíciles de vez en cuando. Prueba a darte baños de hielo, levantarte temprano o realizar ayunos intermitentes. La disciplina te hará más fuerte.

Si no lo pides, no lo conseguirás

Inicia siempre las conversaciones mostrando preocupación por los demás. Crea un ambiente emocional propicio felicitando si alguien lo merece o se lo ha ganado, ayuda si puedes. Sin embargo, también debes ser capaz de comunicar tus propios deseos o pedir ayuda si la necesitas.

Mantente firme

Nunca te rindas, pero intenta no cometer el mismo error dos veces. Si sientes que no tienes rumbo, tómate un tiempo para imaginar que recibes un diagnóstico terminal. ¿Cómo cambiaría su estilo de vida? ¿Qué harías o cambiarías si te quedaran pocos días en esta vida? Como dijo Paulo Coelho, «Un día te despertarás y ya no habrá tiempo para hacer las cosas que siempre has querido. Hazlas ahora»[127].

Vive con la actitud de «yo creo mi vida» frente a «la vida me pasa»

Asume la responsabilidad de tus actos. Tu vida es el resultado del lugar afortunado donde naciste, de las decisiones que otros tomaron por ti

---

[127] Coehlo, Paulo. *Paulo Coehlo Quotes*. Goodreads.com https://www.goodreads.com/quotes/594264-one-day-you-will-wake-up-there-won-t-be

desde el principio y de las muchas decisiones que puedes tomar hoy. Pero tienes control sobre tus pensamientos, actitudes y comportamientos, y estos influirán significativamente en tus resultados. Evita vivir como una víctima de las circunstancias, de fuerzas externas, de la mala suerte o de percibir tus cualidades y circunstancias como inmutables.

Relativiza los acontecimientos

«No te tomes demasiado en serio. No eres más que un mono con un plan», según Naval Ravikant[128].

Los infelices esperan, los sabios aceptan

A veces, las expectativas pueden conducir a la infelicidad. La aceptación es un enfoque de la vida más sabio y fortalecedor. Practicando la aceptación, podemos encontrar más paz, satisfacción y plenitud. En lugar de ser prisioneros de expectativas incumplidas, podemos optar por aceptar la vida tal como es y aprovechar al máximo cada momento.

Céntrate en curarte en lugar de darte un capricho

Comprar un conjunto nuevo o comer un pastel no te hará sentir mejor, pero tu cerebro te engaña haciéndote creer que sí lo hará. En cambio, actividades como hacer ejercicio, escuchar música, darse masajes, meditar, hacer algo creativo, socializar con los amigos o la familia, o leer, están relacionadas con la producción de hormonas de la felicidad en el cerebro, como la serotonina y la oxitocina.

No son las cartas que nos tocan, sino cómo jugamos con ellas

No podemos controlar lo que ocurre en la vida, pero podemos controlar nuestras respuestas. Lo que determina tu destino es cómo respondes a un ataque (más que por qué te atacan). Al elegir conscientemente nuestras respuestas y gestionar nuestras emociones, podemos cultivar un enfoque positivo y proactivo ante los altibajos de la vida.

---

128 Ravikant, Naval. *Naval Ravikant Quotes*. Goodreads.com. https://www.goodreads.com/quotes/11107343-don-t-take-yourself-so-seriously-you-re-just-a-monkey-with

Si no eres humilde, la vida te visitará con humildad

La humildad es una cualidad valiosa que enriquece nuestras relaciones y nuestro bienestar general. Al abrazar la humildad, afrontamos la vida con una mentalidad de aprendizaje continuo y gratitud. Y recuerda que el océano es la mayor extensión de agua porque está más abajo que todos los ríos y pantanos y permanece abierto a todos. Adicionalmente, como Salman Rushdie escribió, «la mayor parte de lo que importa en nuestras vidas tiene lugar en nuestra ausencia».

No actúes como otra persona. Sé tú mismo (a menos que seas un gilipollas)

Sé un águila, disfruta volando alto. Recuerda, nunca te compares con nadie; eres único, no hay comparación. Como dijo Billy Graham, «Cuando se pierde la riqueza, no se pierde nada; cuando se pierde la salud, se pierde algo; cuando se pierde el carácter, se pierde todo»[129].

Crea tu *mastermind*

Crea tu consejo personal de asesores que incluya mentores, amigos y animadores que compartan tu entusiasmo y te quieran. Nunca aceptes críticas de alguien de quien no aceptarías consejos.

---

[129] Graham, Billy. *Billy Graham Quotes*. Goodreads.com. https://www.goodreads.com/quotes/653548-when-wealth-is-lost-nothing-is-lost-when-health-is

CAPÍTULO 11

Encontrar la armonía

"I have a hard time finding a balance between work and work."

Me cuesta encontrar el equilibrio entre trabajo y trabajo

Si miras mi agenda diaria, verás que está llena de compromisos, todos identificados por un color. Los colores me ayudan a distribuir visualmente mi tiempo. Por ejemplo, puedo usar un color para los negocios, otro para la familia y los amigos, un tono distinto para el tiempo libre, el ejercicio, etc. Me ayuda a organizarme y a evaluar rápidamente cómo empleo las horas cada día.

Esto es importante para mí, porque me esfuerzo por mantener una armonía desequilibrada entre el trabajo y los compromisos personales (con «armonía desequilibrada» me refiero a establecer prioridades semanales frente a las diarias y a conformarme con dar prioridad a los fuegos o necesidades urgentes).

A veces oigo a otros decir que están demasiado ocupados y que no tienen tiempo para ciertas actividades. A mí me gusta responder con una estrategia que he creado a lo largo de los años. Consiste en establecer prioridades y luego utilizar el tiempo para llevarlas a cabo. Si establezco que el ejercicio es una prioridad, puedo decidir hacer actividad física o al menos estiramientos cinco días a la semana. Y luego, creo dos franjas horarias más a modo de comodín en mi agenda. De ese modo, si una de las cinco primeras veces no funciona, tengo otros dos huecos planificados disponibles que puedo utilizar.

Cuando pienses en la armonía desequilibrada, ten en cuenta que habrá periodos de tu vida en los que dedicarás más tiempo a ciertas categorías. Podrías tener que dedicar una semana básicamente al trabajo, o viajar a una conferencia, asistir a reuniones y cenas relacionadas con los negocios y estar lejos de tus seres queridos. O puede que tengas una semana en la que necesites más tiempo para cuidar a un familiar o recuperarte de una operación. Dicho esto, siempre puedes encontrar formas de lograr esa armonía desequilibrada. Podrías tomarte un par de días libres después de un mes lleno de actividades laborales y viajes. O aprovechar un fin de semana para ponerte al día con el ejercicio y la lectura si no has podido hacerlo durante la semana.

También evalúo periódicamente mis prioridades y objetivos. Suelo hacerlo durante las vacaciones de verano y en torno al inicio de cada año. Me da la oportunidad de reflexionar sobre cómo he utilizado mi tiempo y qué quiero eliminar o añadir a mi agenda. Puede que decida dedicar más tiempo a conocer otra cultura o un país que no haya visitado, así que lo incluyo en la agenda de los próximos meses. También busco hábitos y relaciones tóxicas que debería reducir o eliminar.

He descubierto que mantener cierta estructura regular también puede ser útil para esa armonía desequilibrada. Por ejemplo, me gusta empezar el día meditando y leyendo, y también programo tiempo durante la semana para hacer ejercicio y darme un masaje. Después del trabajo, dejo a un lado el teléfono cuando llega la hora de cenar con mis seres queridos. Cuando estoy con mi familia, hablamos mientras preparamos juntos la cena. Compartimos preocupaciones, buenas noticias y lo mejor del día. También nos escuchamos mutuamente para descubrir formas de resolver un problema o mejorar en un área determinada en la que tengamos dificultades. Después, puede que veamos una película o una serie, idealmente basada en hechos reales, aunque procuramos levantarnos después de un episodio o del tiempo determinado, normalmente 45 minutos (las películas solemos verlas como una serie de dos o tres episodios). Luego pasamos a leer y a relajarnos antes de irnos a la cama.

Tu agenda puede ser diferente, en función de tus prioridades y tu vida personal. Te animo a que pienses en cómo te está funcionando, y si hay áreas que te gustaría cambiar, empezando siempre poco a poco para lograr la adherencia. Si quieres hacer más ejercicio, intenta comprometerte a hacerlo dos o tres veces a la semana, en lugar de cinco inmediatamente. Así podrás ir dando pasos y cogiendo impulso.

Cuando leas las siguientes citas y refranes, piensa en cómo pueden aplicarse a tu propia vida. Quizá descubras que puedes gestionar mejor las horas de tus días y semanas para crear la armonía desequilibrada que has estado buscando.

Productividad y ocio

Haz la cama todos los días para empezar con una tarea terminada

Allana el camino con pequeños logros. Las tareas pequeñas y sencillas te harán más disciplinado y capaz.

Planifica tu tiempo de ocio para revalorizarlo

Trata tu tiempo de ocio con la misma importancia que tu trabajo u otros compromisos. Tener una rutina u horario facilitará que dediques tiempo al ocio con regularidad y te permitirá prepararte.

Sigue unas rutinas

Si buscas la libertad financiera, debes practicar constantemente una disciplina financiera. Para optimizar tu productividad, es fundamental un enfoque disciplinado de la gestión del tiempo. Maxwell escribió: «El secreto de tu éxito lo determina tu agenda diaria»[130].

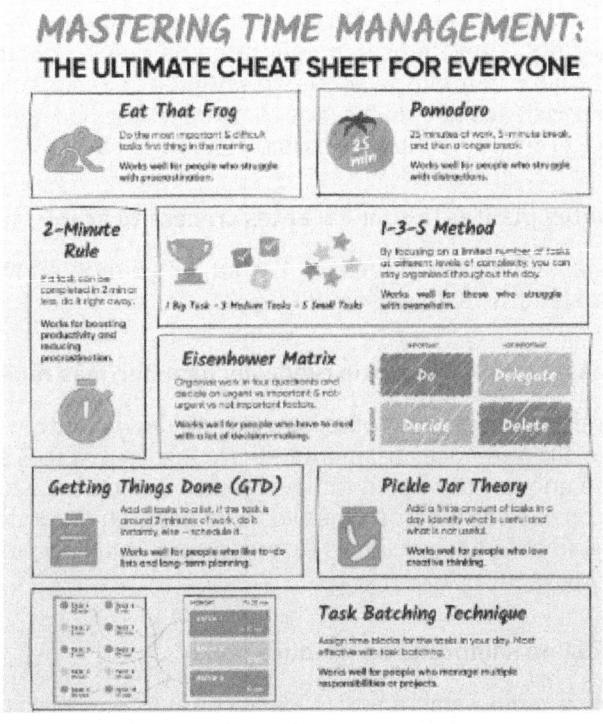

---

130 John C. Maxwell, *Make Today Count* (Nueva York: Hatchette, 2004), 19.

Fija plazos reducidos

Divide los grandes retos o proyectos en pasos y objetivos pequeños y manejables. Combate la procrastinación con pequeños plazos que te obliguen a rendir cuentas y divide las tareas en partes más manejables. Recompénsate cada vez que cumplas los plazos (el premio siempre es proporcional al logro).

Ve a contracorriente, minimiza

En lugar de acumular cosas, como suele aconsejar la sociedad, intenta eliminarlas. Reduce lo que tienes para simplificar tu vida y ganar energía. Mark Zuckerberg o Barack Obama solo usan determinadas camisetas, vaqueros o trajes azules y grises, pues no quieren gastar parte de su energía en elegir todos los días qué ponerse. De igual modo, cuando a Steve Jobs le preguntaron de qué productos de los que construyó con Apple se sentía más orgulloso, respondió: «Estoy tan orgulloso de los que no hicimos como de lo que hacemos. Decidir qué no hacer es tan importante como elegir qué hacer»[131].

Cuanto antes plantes la semilla, antes crecerá tu árbol

Cuanto más alimentes y riegues el árbol, ahorrando e invirtiendo, antes te deleitarás bajo su sombra.

Cuanto más rápido corras en la rueda del hámster, más rápido girará

La rueda del hámster simboliza un ciclo de movimiento y esfuerzo constante sin que necesariamente se produzcan avances significativos ni se encuentre la plenitud. Asegúrate de que tus acciones se alineen con tus verdaderos objetivos y valores, en lugar de dejarte llevar únicamente por presiones externas o por una necesidad constante de logro.

Una semilla no sembrada no produce nada

Cosechamos lo que sembramos. Cuidado con el uso excesivo de pantallas que está transformando al *Homo sapiens* en *Homo videns*, infrae-

---

[131] Walter Isaacson, *Steve Jobs* (Nueva York: Simon & Schuster, 2011), 360.

ducado por exceso de imágenes y entretenimiento. Por el contrario, lee una página más o practica ese nuevo idioma diez minutos más de lo previsto. Recuerda el dicho «Ve más allá. Nunca hay mucha gente»132.

Si tardas menos de dos minutos, hazlo. Si son más, delega o aplázalo

Nunca hagas nada que otra persona pueda hacer mejor, tan bien o al menos al 80 % de tu capacidad. Como dijo John Maxwell: «Si quieres hacer bien algunas cosas pequeñas, hazlas tú mismo. Si quieres hacer grandes cosas y tener un gran impacto, aprende a delegar»133.

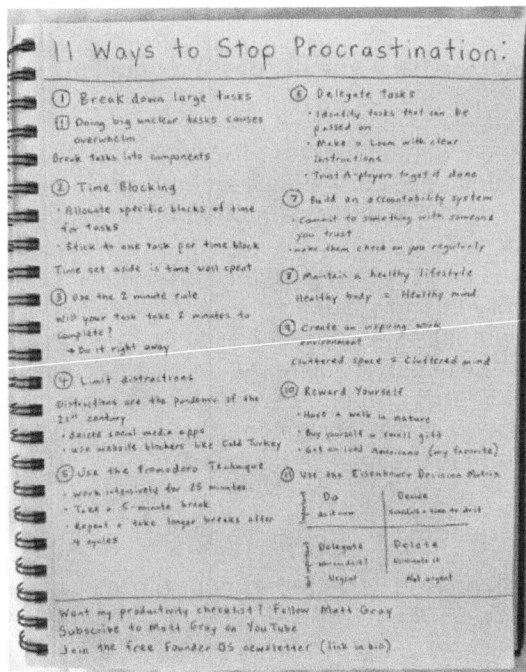

---

132 Anonymous. *Anonymous Quotes*. Goodreads.com. https://www.goodreads.com/quotes/7402341-go-the-extra-mile-it-s-never-crowded

133 Maxwell, John. *John Maxwell Quotes*. Goodreads.com. https://www.goodreads.com/quotes/3216300-if-you-want-to-do-a-few-small-things-right

Cuando hagas una llamada seguimiento, limítala a un máximo de quince minutos

Las llamadas breves, amables y concisas hacen que la gente esté deseando saber de ti y espere tu próxima llamada.

Cuidado con la ley de Parkinson

Esta ley establece que el trabajo se expande para llenar el tiempo disponible para su realización. Si fijas plazos y limitas el tiempo que dedicas a cada tarea, aumentarás tu eficacia, tu productividad y tu tiempo de ocio.

La procrastinación hace que la cuesta de mañana sea más empinada

Tomar el camino fácil hoy lleva a pasarlo peor mañana. Los economistas utilizamos una teoría del descuento por demora, que significa que si tienes que esperar para obtener la recompensa, su valor disminuye. Puedes utilizarla para combatir la procrastinación. Cada vez que pienses en posponer algo, haz una pausa de cinco minutos. Al hacer la pausa intencionadamente (no puedes hacer nada durante esos cinco minutos), estás retrasando la recompensa de hacer algo más divertido que tu obligación inicial y, en consecuencia, te parecerá menos valioso. Si eres prudente, aprovecharás esa pausa para reconsiderar las desagradables consecuencias de dejarlo para mañana, y te pondrás a terminarlo enseguida.

Establece prioridades

Haz una lista diaria de tus tres tareas prioritarias y organiza tu horario en torno a ellas.

La multitarea no aumenta la productividad

Contrariamente a la creencia popular, la multitarea es una trampa y no aumenta la productividad. De hecho, la investigación muestra dos hechos sorprendentes sobre la multitarea: en primer lugar, reduce la productividad hasta en un 40 %. En segundo lugar, quienes realizan varias tareas a la vez suelen ser los menos capaces de hacerlas con éxito[134].

Redes inteligentes frente a conexiones de baja calidad

En lugar de decir ciegamente «sí» a todas las solicitudes de conexión, construye las relaciones que más importan. Sustituye las grandes redes que a menudo tienen poca sustancia por redes más pequeñas de conexiones que realmente aporten valor o alegría.

Mira hacia el exterior

Asigna un «tiempo de naturaleza» a tu horario semanal.

Asiste solo a reuniones inteligentes, idealmente con el tamaño óptimo

Haz lo posible por no asistir a las reuniones que no sean necesarias. Si asistes a una reunión inteligente (las que son relevantes para tu trabajo), irradia energía positiva, ve preparado, escucha, habla (si tienes información de valor añadido que compartir) y evita culpar a los demás o la autopromoción.

En cuanto al tamaño óptimo, Jeff Bezos, CEO de Amazon, se rige por la regla de las dos pizzas: ningún equipo debe ser tan grande que necesite alimentarse con más de dos pizzas. La investigación respalda la regla de Bezos. Los estudios demuestran que el tamaño óptimo de la mayoría de los equipos para generar ideas o tomar decisiones es de cuatro a seis personas[135].

---

134 Parsons, Emma. *Stop Multitasking, it Reduces Productivity by up to 40 %*. March 7, 2021. LinkedIn. https://www.linkedin.com/pulse/stop-multitasking-reduces-productivity-up-40-learn-3-time-parsons

135 *Two Pizza Teams*. AWS Whitepaper. https://docs.aws.amazon.com/whitepapers/latest/introduction-devops-aws/two-pizza-teams.html

Salud y bienestar

Eres responsable de tu propio bienestar

Un estilo de vida sano incluye qué y cuándo comes, cuándo y cuánto duermes, y cuándo y con qué frecuencia te mueves. Como dijo una vez Mahatma Gandhi: «La verdadera riqueza es la salud y no las piezas de oro y plata»[136].

Evita la pereza mental y el letargo

Lee, haz más cálculos mentales y ten más relaciones sociales. Reduce al mínimo el uso de las redes sociales y la televisión.

Desafía a tu cuerpo

Experimenta con los deportes hasta que encuentres uno que se adapte a tu horario y a tus gustos. Hacer ejercicio con regularidad hace que tu cuerpo sea más resistente. Encuentra tiempo para dar un paseo diario, como mínimo. Crea pausas para salir de tu escritorio y estirarte cada 90 minutos. Puesto que tu cuerpo incluye a tu cerebro, desafíalo practicando cosas que normalmente no haces, así ayudarás al desarrollo de nuevas áreas cerebrales. O da paseos regulares sin teléfono, idealmente por la naturaleza, para dejar que tu cerebro divague y forme nuevas conexiones neuronales.

Ten un plan A, B y C

Crea un hábito como ir al gimnasio, correr o aprender tocar un instrumento. Identifica días y horas para hacerlo como tu plan A. Ten un plan B si surge algo inesperado, y un plan C si no puedes llevar a cabo ninguno de los dos. No es voluntad, es organización.

Escucha las señales del hambre

Come cuando tengas hambre y levántate aunque sigas sintiendo un poco de hambre. Esta es una de las claves para mantenerte en forma

---

[136] Gandhi, Mahatma. *Mahatma Gandhi Quotes*. BrainyQuote.com https://www.brainyquote.com/quotes/mahatma_gandhi_109078

y sano. He descubierto que se enseña con poca frecuencia, sobre todo en Occidente. Cuidado con comer en exceso, sobre todo antes de acostarte. Cuando comes de más, la temperatura de tu cuerpo será demasiado alta para conciliar el sueño cómodamente.

Elige vegetales en lugar de alimentos procesados

El auge de los alimentos procesados y poco saludables nos hace consumir demasiadas calorías con pocos nutrientes. Una dieta basada en productos vegetales es baja en grasas y azúcares y rica en fibras, vitaminas y antioxidantes que le hacen bien a tu cuerpo.

Cepíllate los dientes con la mano no dominante

No solo es un buen ejercicio para entrenar el cerebro, sino que también puede mejorar la higiene bucal, ya que llegas a partes de la boca que te habrías saltado con tu rutina habitual. Todos salimos ganando.

¿Estás bajo presión? Haz una pausa y respira hondo tres veces

En lugar de darle poder a tu elefante (la parte emocional de tu cerebro), inhala profundamente, aguanta la respiración, exhala lentamente y haz una pausa. También es útil olvidarte de las preocupaciones por un momento.

Si tu mentalidad no te ayuda, cámbiala

Aprovecha tus retos para desarrollar una mentalidad resiliente. Te ayudará a tener la destreza y la claridad necesarias para afrontar los momentos más oscuros.

Suplementos diarios

Prueba con un multivitamínico, antioxidante, aceite de pescado omega-3, probióticos o sustituto de comida rico en proteínas y vitamina D (si esa semana la luz solar es escasa).

Ejercita tu cuerpo, mente y espíritu

Dalo todo; cuando tu cuerpo no pueda más, activa la reserva de energía de tu mente, y cuando estés mentalmente agotado, tira de la reserva de tu espíritu.

Duérmete pronto

Dedica tiempo a descansar, reflexionar y reponerse. El sueño está relacionado con el metabolismo. Contribuye a prevenir la resistencia a la insulina y potencia el servicio de limpieza mental conocido como sistema linfático cerebral. Las investigaciones demuestran que la falta de sueño tiene efectos similares en el organismo que el estrés crónico. Dormir mal te estresa, aumenta tus niveles de cortisol y tu tensión arterial[137].

Establece una rutina para acostarte

Crea una rutina, como un baño caliente, para empezar. No solo te sentirás relajado, sino que tu temperatura corporal bajará, lo que indica al cerebro que es hora de dormir. Asegúrate de que tu habitación esté a oscuras. Considera la posibilidad de encontrar el sonido del mar, el bosque o la lluvia en YouTube u otra aplicación y enciéndelo como disparador cuando te sientas estresado o necesites irte a dormir.

A veces está bien no hacer nada

Me viene a la mente esta frase de Nietzsche: «Quien lucha con monstruos debe procurar no convertirse él mismo en un monstruo... Cuando miras largamente al abismo, el abismo también te mira a ti»[138]. De vez en cuando, dedicar un tiempo a pensar o a descansar es la mejor solución. Eso sí, siempre con moderación (Dios descansó el séptimo día, no el sexto y el séptimo).

---

137 *Good Sleep for Good Health.* April 2021. NIH. https://newsinhealth.nih.gov/2021/04/good-sleep-good-health

138 Nietzsche, Friedrich. *Friedrich Nietzsche Quotes.* Goodreads.com https://www.goodreads.com/quotes/527253-he-who-fights-with-monsters-should-look-to-it-that

La moderación es fundamental, aunque resulte aburrida

Por desgracia, no se sabe lo que es suficiente hasta que se descubre lo que es más que suficiente.

Descálzate siempre que sea posible

Sobre todo si puedes disfrutar del contacto con la hierba o la arena de la playa. Esta práctica suele denominarse *grounding* o earthing. Fortalece los músculos de los pies, tiene un efecto calmante sobre el sistema nervioso y estimula los puntos de reflexología. Puede ayudar a mejorar la propiocepción (conciencia de la posición del cuerpo) y promover el bienestar general al permitir que los electrones de la Tierra entren en el cuerpo y neutralicen los radicales libres.

No es egoísta apartar a las personas tóxicas de tu vida

Cuidar de tu bienestar emocional es esencial para llevar una vida plena. Cortar lazos con personas tóxicas es un acto de autoconservación y salud mental.

Añade proteínas a tu desayuno

Asegúrate de que tu desayuno (y, por supuesto, también la comida y la cena) contenga proteínas. Y reduce o elimina los alimentos ricos en almidón y azúcar.

Ejercita tu cerebro a diario

Ejercita tu cerebro leyendo, haciendo cuentas, aprendiendo una lengua extranjera o tocando un nuevo instrumento musical. Mantén buenas relaciones sociales, juega a las cartas o prueba un juego cerebral en línea. Para cuidar aún más tu cerebro, sigue una dieta de estilo mediterráneo, ya que es rica en antioxidantes, grasas saludables, ácidos grasos omega-3 y nutrientes que estimulan el cerebro, como la vitamina E, la vitamina B6 y el folato. También contiene minerales como el magnesio y el zinc (estos nutrientes favorecen varios aspectos de la salud cerebral, como la memoria, la cognición y la regulación del estado de ánimo)[139].

---

139 *Diet Review: Mediterranean Diet*. Harvard T.H. Chan. https://www.hsph.harvard.

Pausa y planifica (en lugar de luchar o huir)

Aunque hoy en día no tenemos que huir de depredadores con grandes dientes, sí tenemos otro tipo de amenazas, como los tentadores donuts o las tartas de queso. Simplemente haz una pausa y planifica, es decir, tómate un momento para ver si esa comida será tu *cheat meal* semanal. Darse un capricho de vez en cuando está bien, pero vigila tus desencadenantes de estrés y dopamina y evita los resbalones recurrentes.

Por otro lado, recuerda las tres leyes fundamentales de Parkinson:

- El trabajo se expande hasta llenar el tiempo disponible para su realización.
- Los gastos aumentan hasta cubrir todos los ingresos.
- El tiempo dedicado a cualquier tema de la agenda es inversamente proporcional a su importancia[140].

Alimenta tus hormonas de la felicidad

Leer, escuchar música, meditar, hacer ejercicio, recibir un masaje y socializar con amigos y familiares están relacionados con las hormonas de la felicidad, como la serotonina y la oxitocina. Considera la posibilidad de realizar una de estas actividades antes que las formas más comunes de lidiar con el estrés: comer, beber, ir de compras, ver la televisión o desplazarse por las redes sociales.

Anticípate a posibles situaciones de emergencia practicando el plan PACE

A través del entrenamiento de *krav maga* con guardaespaldas, *marshalls*, *navy seals* y miembros del ejército, aprendí que practican el plan PACE (primary, alternate, contingency, emergency). Este consiste en simulacros que identifican la primera opción de escape o plan primario, una opción alternativa si la primera no es posible, un plan de

---

edu/nutritionsource/healthy-weight/diet-reviews/mediterranean-diet/
140 https://es.wikipedia.org/wiki/Ley_de_Parkinson

contingencia y un plan de emergencia o último recurso, cuyo objetivo es la supervivencia y las lesiones serán consideradas preferibles a las amenazas mortales.

Escribe una carta

Si estás experimentando una pérdida, permítete expresar emociones fuertes, como la tristeza, para reducir su intensidad. Recuerda que el duelo es un periodo emocionalmente difícil que puede requerir apoyo psicológico. Y a veces, como hice yo tras el fallecimiento de mi padre, escribir cartas a quienes ya no están con nosotros para decir todo lo que no tuviste tiempo de decir, ayuda.

La motivación no es una fuerza mística, sino una habilidad que se puede aprender y entrenar

La motivación para el trabajo debe ser crear una mejor versión de uno mismo; si lo hacemos por dinero, empezamos mal. Mi momento clave fue comprender que la motivación sigue a las acciones, no las precede. Cuando estés deprimido, haz algo sencillo, por pequeño que sea. Nuestra relación con los reveses también es crucial para mantener la motivación. No se trata de evitar los tropiezos, sino de aprender a recuperarse, viendo el fracaso como un mentor y no como un castigo. Para recuperar la motivación y seguir por el buen camino, trátate a ti mismo, ante un contratiempo, con la misma empatía y comprensión que a un ser querido.

Escríbete una carta para recordar por qué quieres cambiar

Inevitablemente, habrá momentos en que su motivación decaiga. Para recordarte lo importante que es para ti cambiar, escribe una carta en la que expliques por qué has adoptado este nuevo enfoque del cambio. Luego pon la carta en un lugar donde recuerdes leerla la próxima vez que te sientas desmotivado.

El secreto de la felicidad es la libertad. El secreto de la libertad es el valor

Este viaje hacia la libertad y la felicidad implica salir de nuestra zona de confort y afrontar incertidumbres. Puede que estés atravesando momentos difíciles y que el camino que te espera no parezca fácil. El secreto para ser valiente y salir adelante es recordar constantemente lo afortunado que has sido y la suerte que tienes de poder proponerte nuevos retos que merezcan la pena.

Sigue adelante

Después de que me tirara un chico mayor y más fuerte, busqué formas de defenderme. Esto me llevó a aprender artes marciales como kárate, *wushu, sanda, jiu jitsu* y *krav maga*. Desde entonces, nadie me ha vuelto a poner un dedo encima, y no porque no lo hayan intentado, así que siempre hay un resquicio de esperanza.

Tu vida es 100 % responsabilidad tuya

No depende de los demás, sino de ti. Cuando las cosas se tuerzan, y lo harán, ten cuidado de no identificarte como víctima, culpar a otro o esperar ser rescatado por tu jefe, tu pareja o el gobierno. Puedes convertirte en el superviviente o en el héroe de tu propia vida, aceptar nuevos retos y aprovechar cualquier oportunidad de crecimiento. Mantén la responsabilidad y la motivación sabiendo lo que significa para ti la plenitud, siendo paciente, girando tanto como necesites y disfrutando de lo que la vida te trae.

Coge tu diario y describe con detalle la vida auténtica que deseas

¿Qué harías o qué cambiarías de lo que haces actualmente para conseguirlo? ¿Están tus creencias, pensamientos y acciones en consonancia con la vida auténtica que sueñas? Si no es así, ¿qué vas a hacer al respecto? Escribe cómo vas a transitar de tu vida actual a la auténtica que mereces.

En las heridas aparece la luz

La herida representa las vulnerabilidades, luchas y dolores —tanto físicos como emocionales— que experimentamos a lo largo de la vida. La luz simboliza la sabiduría, la perspicacia y la transformación. Nuestros momentos más profundos de crecimiento surgen a menudo de los mismos lugares donde nos han herido. Como dice el Shōyō Rōku, «En el árbol marchito, florece una flor»[141].

Cambiar las raíces para cambiar los frutos

Los frutos son los resultados visibles, las circunstancias o las experiencias que encontramos en diversos aspectos de nuestra vida, como las relaciones, la carrera, la salud o el bienestar general. Estos resultados están influidos por las raíces, que simbolizan los factores subyacentes, las creencias, los hábitos o la mentalidad que dan forma a nuestras acciones y decisiones. La mayoría de las veces, la única forma de cambiar a los demás es cambiarnos primero a nosotros mismos. Una vez que cambiemos nuestros patrones, descubriremos que los demás también son diferentes.

Si tu vida exterior no va bien, revisa tu vida interior

Si cuidamos nuestro bienestar emocional y nuestra salud mental en general, meditando, haciendo ejercicio y socializando, estaremos mejor preparados para afrontar los retos externos. Los factores ambientales pueden influir tanto como los genes. Por ejemplo, las personas son más propensas a correr riesgos después de comer comida picante o escuchar música a todo volumen[142].

Nunca dejes de jugar

En palabras de George Bernard Shaw, «No dejamos de jugar porque envejecemos; envejecemos porque dejamos de jugar»[143]. También me encanta la filosofía vital de sir Richard Branson: «No considero el trabajo como trabajo y el juego como juego. Todo es vivir»[144].

---

141 *On the Withered Tree, a Flower Blooms.* January 9, 2011. Buddha and the Big C. https://buddhaandthebigc.blogspot.com/2011/01/on-withered-tree-flower-blooms.html

142 Mapes, Diane. *Your love of spicy foods means you're a risk-taker.* August 6, 2013. NBC News. https://www.nbcnews.com/healthmain/your-love-spicy-foods-means-youre-risk-taker-new-study-6c10851877

143 Shaw, George Bernard. *George Bernard Shaw Quotes.* BrainyQuote.com https://www.brainyquote.com/quotes/george_bernard_shaw_120971 https://www.brainyquote.com/quotes/george_bernard_shaw_120971

144 Branson, Richard. *Richard Branson Quotes.* QuoteFancy. https://quotefancy.com/

Busca el consejo de al menos tres personas mayores y más sabias

Ve más allá de tus amigos y padres y escucha a otras personas mayores, como los abuelos, o a cualquiera que tenga una amplia experiencia en cualquier campo.

Haz que contagiar entusiasmo sea tu lema personal, y vívelo

Envía una tarjeta o un mensaje a alguien dándole las gracias o diciéndole cuánto aprecias lo que hace. Por ejemplo, nuestra vecina Joan nos envía tarjetas de agradecimiento cada vez que la ayudamos (la mayoría de nosotros nos limitamos a responder con una sonrisa y un sincero gracias).

Mantente abierto a nuevas experiencias en tu vida

Nunca es tarde para aprender algo nuevo y mantener tu mente activa. Lo que es flexible y fluido tiende a crecer, mientras que lo rígido y estancado tiende a atrofiarse y morir. En palabras de Bruce Lee: «Cuanto menos te esfuerces, más rápido y poderoso serás»[145].

Si estás cansado o preocupado, utiliza uno de nuestros mantras occidentales

Me encantan las frases sencillas de tres partes, como «hazlo, déjalo estar, ya pasará». Si no te apetece cumplir el objetivo del día, como salir a correr, empieza. No pierdas el tiempo pensando en lo difícil que es o en lo cansado que estás; simplemente ve y hazlo.

Aplasta los pensamientos negativos y sustitúyelos por buenos. Sé consciente de lo que piensas y medita conscientemente sobre lo positivo. Por ejemplo, en lugar de pensar que un objetivo es un reto, sustitúyelo por un «puedo hacerlo». O utiliza el lema de mi mujer: «Soy poderosa, puedo con cualquier cosa», que en español es pegadiza porque rima.

---

quote/757256/Richard-Branson-I-don-t-think-of-work-as-work-and-play-as-play-It-s-all-living

145 Lee, Bruce. *Bruce Lee Quotes*. BrainyQuote.com https://www.brainyquote.com/quotes/bruce_lee_110197

Ten a mano los comentarios positivos

La vida es un asunto solitario, a menudo lleno de desánimo y rechazo. Guarda los comentarios positivos en un archivo aparte; léelos para subirte la moral cuando te sientas decaído.

Piensa en los beneficios: mantén la mente centrada en el impacto que tendrá en tu vida el objetivo que quieres alcanzar. Este proceso de pensamiento evitará que te detengas en lo en lo negativo. Encuentra amigos afines: Busca personas con objetivos similares y trabaja con ellas. Estos amigos aumentarán tu motivación.

Mientras haya esperanza, hay un camino

La vida está llena de pruebas y tribulaciones, pero culpar a las circunstancias o humillarnos a nosotros mismos hará que los días sean pesados y agotadores. El cambio solo se producirá si estás dispuesto a asumir riesgos, y asumir un riesgo no tiene por qué ser algo grande y drástico. Recuerda algo que te quebró en el pasado, luego identifica qué te ayudó a superar tu mentalidad y cómo te hizo más fuerte.

Busca alargar tu periodo de salud más que tu vida

Las principales causas de muerte, que incluyen enfermedades cardiovasculares, cáncer y enfermedades neurológicas, pueden retrasarse años con ejercicio y medidas preventivas[146]. La buena noticia es que nunca es demasiado tarde para empezar y aumentar nuestra esperanza de vida, y, lo que es más importante, nuestra esperanza de salud. Además, las personas mayores pierden músculo a un ritmo mayor, por lo que hacer ejercicio antes es una inversión en la extensión de la salud.

---

146 Dattani, Saloni et al. *Causes of Death*. Our World in Data. https://ourworldindata.org/causes-of-death

Meditación y autoconciencia

Medita antes del desayuno y de la cena

Te dará tiempo para establecer tus prioridades diarias y reflexionar sobre el día.

La práctica de la meditación consiste simplemente en sentarse y darse cuenta de que uno no es uno mismo

Aunque la meditación es una práctica personal, la forma de fortalecer el espíritu es a través de la diligencia. Acostúmbrate a estar a gusto en el agua turbia; no hay mejor momento que este. Reza a Dios y escúchalo. De vez en cuando, ríndete; concéntrate en una cosa hasta que tus pensamientos empiecen a divagar, y entonces concéntrate en tu respiración para traerlos de vuelta.

Simplemente siéntate

Una de las cosas más importantes que hay que hacer es sentarse a diario. Y cuando digo sentarse me refiero a sentarse cómodamente, pero erguido (leí en un libro que el senséi Jon Kaban-Zinn solía decir que el estado mental que alcanzamos cuando simplemente nos sentamos en la postura correcta es en sí mismo la iluminación). Encontrar veinte minutos dos veces al día puede ser un reto (está bien empezar con solo cinco o diez minutos al principio e ir aumentando el tiempo gradualmente), pero hay una razón por la que algunas de las personas con más éxito y más ocupadas del mundo han adoptado el hábito de sentarse y ordenar sus pensamientos. Merece la pena dedicarle tiempo.

Medita, ¡te ayuda a mantenerte joven!

Meditar tiene efectos antienvejecimiento, ya que aumenta tus niveles de telomerasa, la enzima asociada a la ralentización del envejecimiento de las células[147]. En general, un día de vigilia activo conduce a una

---

[147] Kingsland, James. *Could meditation really help slow the aging process?* March 3, 2016. The Guardian. https://www.theguardian.com/science/blog/2016/mar/03/could-meditation-really-help-slow-the-ageing-process

buena noche de sueño, lo que facilita la salud emocional. Además, su psique está fuertemente ligada a su salud física. Los problemas mentales no tratados pueden provocar síntomas físicos y altos niveles de cortisol[148]. Si no te enfrentas a los pensamientos negativos, se convertirán en acciones negativas que afectarán tu bienestar. No tengas miedo de buscar ayuda profesional si la necesitas.

No hay almuerzos gratis

Debemos pagar el precio de la libertad. Debemos ganárnosla con una práctica constante e implacable. Solo un buda no tiene resistencia, y entre la población humana no hay budas.

Practica el *shinrin-yoku*

La práctica japonesa del *shinrin-yoku*, o baño en el bosque, tiene efectos antiestrés y antienvejecimiento. Aumenta los niveles de telomerasa, una enzima asociada a la ralentización del envejecimiento de las células149.

La felicidad se consigue desde dentro

Tu felicidad dependerá de tus pensamientos, decisiones y acciones actuales. Sé especialmente consciente de ellos; puedes domarlos para que sean positivos.

Crece con ellos

Aprende tanto de los que hacen el bien con amor como de los que hacen el mal con miedo.

---

148 *Physical health and mental health*. Mental Health Foundation. https://www.mentalhealth.org.uk/explore-mental-health/a-z-topics/physical-health-and-mental-health

149 Jin Park, Bun et al. *The physiological effects of Shinrin-yoku (taking in the forest atmosphere or forest bathing): evidence from field experiments in 24 forests across Japan*. May 2, 2009. Environmental Health and Preventative Medicine. https://environhealthprevmed.biomedcentral.com/articles/10.1007/s12199-009-0086-9

Empatizar no requiere estar de acuerdo

Muestra empatía a la gente reconociendo su dolor, compartiendo cómo te sientes. Comprende a los demás con amabilidad aunque no estés de acuerdo.

Mantén la respiración

Responde con atención a los acontecimientos. Vive tu vida en lugar de dejar que la vida te viva a ti. Sonríe a un desconocido o a ti mismo en el espejo.

Piérdete en el servicio a los demás

Como dijo Mahatma Gandhi, es la mejor manera de encontrarte a ti mismo.[150]

Tú eres tu mejor ayudante

Muchos entrenadores de caballos les pegan por ser indomables; sería más apropiado que se centraran primero en sí mismos y domaran primero su mente. Doma tu mente, doma tu ego.

Calma tu mente con respiraciones profundas

El estrés aparecerá y desaparecerá de tu vida. No siempre puedes controlar si aparece o no, pero puedes decidir cómo manejarlo. Utiliza la respiración profunda para relajarte y volver a tomar conciencia del presente. No puedes parar las olas, pero puedes aprender a surfear.

La vida favorece a la mente preparada

Debes ser muy selectivo con lo que pones en el exuberante jardín de tu mente.

---

150 Gandhi, Mahatma. *Mahatma Gandhi Quotes*. BrainyQuote.com https://www.brainyquote.com/quotes/mahatma_gandhi_150725

Protege tu paz mental

Como recomendaba Epicteto: «Vigila constantemente tus percepciones, porque no es poca cosa lo que estás protegiendo, sino tu respeto, fiabilidad y firmeza, la paz de tu mente, la liberación del dolor y del miedo, en una palabra, tu libertad. ¿Por qué venderías estas cosas?»[151].

Quien mira fuera, sueña; quien mira dentro, despierta

Lo que hay detrás y delante de nosotros son minucias comparado con lo que hay dentro de nosotros. Tu visión se aclarará cuando mires dentro de tu corazón.

Solo en silencio podemos escuchar al corazón

Como dice un proverbio japonés, «las palabras no dichas son las flores del silencio»[152]. En Indonesia y Singapur, algunos de nuestros amigos solían decir que se aprende más en una hora de silencio que en un año de libros. Otros creen que el silencio es más poderoso que demostrar tu punto de vista. Así que cuidado con los demagogos, haz tus análisis objetivos lo mejor que puedas, y para los temas importantes, recuerda que la verdad suele ser simple y silenciosa.

El conquistador de sí mismo es el mayor de los conquistadores

Como se dice en latín, *vincit qui se vincit* ('conquista quien se conquista a sí mismo'). Y recuerda, entre adquirir más posesiones o más conciencia, elegir lo segundo.

-

La forma de encontrar el equilibrio en tu propia vida podría ser una recopilación de algunas de estas estrategias. También podrías descubrir otras que te sirvan. Si no estás seguro de por dónde empezar, prueba a experimentar con uno o dos de estos ejemplos. Con el tiempo,

---

151 Cook, David. *Daily Stoic Life-Protect Your Peace of Mind*. February 12, 2020. https://www.lucidwisdom.me/daily-stoic-life-protect-your-peace-of-mind/

152 Namiko, Abe. *Flowers in Japanese Proverbs*. Thoughtco. February 5, 2019. https://www.thoughtco.com/japanese-flowers-in-proverbs-2028030

encontrarás las prácticas que mejor te funcionen. Y recuerda que es un viaje, así que siempre puedes empezar poco a poco, añadir algunos hábitos más y procurar tener la cantidad adecuada de trabajo, descanso y ocio cada día o cada semana.

Te recomiendo que al menos pruebes incorporar la meditación a tu rutina diaria (solo necesitas diez minutos, una silla o zafu (cojín de meditación) y mantenerte en posición de mudra (con la espalda recta). Si eres, como yo, de los que necesitas evidencia científica para iniciarte en todo nuevo hábito, hay numerosos estudios que avalan los beneficios de esta práctica. Entre otros, puedes buscar en internet el experimento que realizó el doctor en biología molecular del MIT, Jon Kabat-Zinn, en el que midió la actividad cerebral de un grupo de participantes novatos que meditaron durante cuatro meses. Tras este breve período, la corteza cerebral asociada a las emociones positivas triplicó su tamaño, el sistema inmune de los participantes mejoró notablemente, y los meditadores, comparados con el grupo de control, incrementaron la materia gris en zonas del cerebro como el lóbulo frontal (región crucial para la memoria funcional y la toma de decisiones), el hipocampo (área clave para el aprendizaje, la memoria y la regulación emocional) y la unión temporoparietal (importante para la perspectiva, la empatía y la compasión). Adicionalmente, el tamaño de la amígdala (la parte emocional del cerebro que reacciona inmediatamente ante un peligro) se redujo, ayudando a lidiar con la ansiedad y el estrés[153].

---

153 https://es.wikipedia.org/wiki/Jon_Kabat-Zinn

PARTE 2

Mejora tu dinero

CAPÍTULO 12

Aspectos básicos de una inversión inteligente

*Cuando pierdo peso, siempre lo recupero.
Es lo mismo cuando pierdo dinero, ¿verdad?*

En los capítulos anteriores he compartido ideas, citas y experiencias personales relacionadas con el crecimiento personal y profesional. En este capítulo y en los siguientes, me gustaría dedicar algún tiempo a analizar más específicamente las formas de mejorar tu dinero. Con una doble licenciatura en Administración y Dirección de Empresas y Economía, un MBA por el IESE, un máster en Finanzas por el CEF, y habiendo participado en varios programas en Harvard Business School, Stanford, MIT y Berkeley, entre otros, además de haber vivido en más de diez países de Asia, Europa y América, dirigido equipos de más de veinte nacionalidades y pasado más de dos décadas en consultoría estratégica, desarrollo de negocios internacionales, emprendimiento digital e inversión alternativa, he visto de primera mano cómo pueden cambiar las empresas y los valores.

Con el análisis y el valor añadido adecuados, el capital privado y los activos pueden revalorizarse con el tiempo. Si puedes formar parte de ese crecimiento, podrás beneficiarte económicamente.

Por supuesto, no se trata solo de aumentar tu dinero. Ciertamente, hay libertad que puede venir de tener un cierto nivel de riqueza, pero también hay una satisfacción especial cuando se impacta positivamente en los demás a través de las empresas e industrias.

Para mí, ha sido una gran satisfacción ayudar a otros que quieren mejorar su propósito de vida, sus empresas y su dinero. Como inversor, he aprendido a identificar a los verdaderos líderes, a observar atentamente las tendencias y a escuchar a los clientes. Sigo a diario lo que dicen los expertos y presto atención a las nuevas tecnologías; al fin y al cabo, los avances tienen un propósito importante. Nos ayudan a pensar de forma creativa, a explorar nuevas posibilidades y a encontrar oportunidades increíbles para influir en muchos otros. En algunos casos, esto puede hacerse de forma transgeneracional.

Por eso, cuando hablo de invertir, me gusta señalar que se trata realmente de un compromiso activo. Puede que oigas hablar de ingresos pasivos, que es la idea de que las inversiones pueden generar ganancias e intereses por sí solas. Los ingresos procedentes de ellas llegan mientras realizas otras actividades; llegan «pasivamente», y algunos expertos afirman que puedes «ganar dinero mientras duermes».

En lugar de este enfoque tranquilo y complaciente, he descubierto que la inversión requiere un alto nivel de implicación. Hay que investigar sobre las empresas, la gestión y los activos. Hay que llevar a cabo la diligencia debida y trabajar para obtener más información de los expertos. Puedes añadir valor aportando tu experiencia, aprovechando tu red de contactos, buscando financiación y supervisando constantemente el rendimiento de las inversiones. Por supuesto, hoy en día existe tecnología que puede ayudarnos a realizar algunas de estas tareas, y hablaré de ello en capítulos posteriores. Por ahora, lo que quiero decir es que las inversiones más inteligentes deben ser activas.

Por esta razón, puedes esperar que tus propias inversiones sean un proceso de aprendizaje. Es recomendable que leas muchos libros y hables con muchas otras personas que tengan más conocimientos que tú antes de empezar. Si no tienes tiempo o crees que no eres capaz de hacer este laborioso proceso de captar y procesar información por tu cuenta, te animo a que trabajes con alguien que tenga dicha experiencia.

Y lo que es más importante, el mundo está cambiando más rápido que nunca, y ceñirse a las formas tradicionales de invertir podría hacerte perder algunas oportunidades increíbles de lograr mayores impactos y rendimientos. Es un poco como entrar en una tienda de Apple y pedir un teléfono que no sea *smart*. Podrías conseguir un dispositivo que funcione, e incluso a lo mejor con mejor batería, pero no tendrás acceso a algunas de las últimas funciones que realmente pueden mejorar tu experiencia. En términos de inversión, esto significa estar abierto tanto a métodos históricos como a la inversión en valor, al análisis fundamental y a las inversiones asimétricas o no correlacionadas, así como a las tendencias emergentes, que se basan en avances tecnológicos recientes, como la tokenización, las finanzas descentralizadas, la inteligencia artificial, el aprendizaje automático y la computación cuántica.

Entre las más atractivas, se encuentran las inversiones alternativas, que por término medio son las más rentables. Las explicaré con detalle en los capítulos siguientes. Por ahora, recuerda que las inversiones alternativas se refieren a aquellas que no son acciones, bonos ni efectivo.

La diversificación es la clave del éxito en el mundo de la inversión, por lo que puedes optar por una mezcla de acciones e inversiones alternativas. Es un ámbito complejo y cambiante, y eso significa que estarás aprendiendo continuamente.

Como buen punto de partida, dedicaremos algún tiempo a examinar los fundamentos de la inversión. Enumeraré algunas lecturas recomendadas y citas sobre enfoques de inversión. También compartiré ideas sobre los valores, para que te hagas una idea de cómo funcionan y cómo podrías participar. El siguiente capítulo nos ayudará a analizar algunos aspectos de la inversión y a comprender los cambios que se están produciendo y que están transformando el sector financiero.

Mientras lees las siguientes secciones, piensa en lo que te gustaría hacer para encontrar tu propio camino en el mundo de la inversión. Es un camino que puede mejorar tu dinero y, sin duda, proporcionar un rendimiento mayor que una cuenta de ahorros en un banco. Tendrás que tomar decisiones y lo que elijas podría tener un gran impacto en tu hogar. Incluso podría ser una forma de dejar un legado para las generaciones venideras y marcar la diferencia en la sociedad, así como en la vida de tus hijos, nietos y seres queridos.

Inversión

Piensa en la inversión como en un largo viaje. Antes de dar un paso, lee al menos uno de los libros más famosos sobre el tema. Leer sobre inversión es una de las actividades de mayor rentabilidad que puedes realizar. No solo puedes aprender a invertir de forma inteligente de la mano de algunos de los mejores inversores de todos los tiempos, también podrías evitar algunos de los escollos que pueden hundirte al principio de tu andadura. De hecho, la inversión inteligente consiste en minimizar el riesgo, limitar las pérdidas y disfrutar de ganancias ilimitadas. Como dijo Warren Buffett: «La regla n. 1 es no perder nunca dinero. La regla n.º 2 es no olvidar nunca la regla n.º 1»[154].

---

154 Wolfson, Alisa. *This is Warren Buffett's "first rule" about Investing*. January 4, 2024. MarketWatch. https://www.marketwatch.com/picks/this-is-warren-buffetts-first-rule-about-investing-heres-what-to-do-if-your-financial-adviser-breaks-that-rule

También puede ser útil aprender lo que otros consideran las mejores prácticas para invertir. La siguiente lista de sugerencias procede del libro *El santo grial de la inversión,* de Tony Robbins, un empresario, inversor y filántropo de fama mundial[155]:

- Busca oportunidades con recompensas de riesgo asimétricas. En pocas palabras, inversiones en que la recompensa potencial supere con creces el riesgo a la baja.

- Los mejores inversores juegan con ventaja. La ventaja de un acceso especial a los activos.

- Según Ray Dalio, el santo grial es una cartera de ocho a doce inversiones no correlacionadas (o no correlacionadas) que, juntas, reduzcan drásticamente el riesgo sin sacrificar la rentabilidad. Dalio demuestra que una cartera estructurada de este modo puede reducir el riesgo hasta en un 80 % manteniendo el mismo, o similar, potencial alcista.

- Esto explica el desplazamiento masivo hacia las inversiones privadas. Simplemente ofrecen un mayor conjunto de oportunidades. Hay que pescar donde están los peces. De hecho, en 2009, el 81 % de las empresas que cotizaban en bolsa eran rentables tras su salida a bolsa; en 2021, solo el 28 % eran rentables tras su salida a bolsa.

- Desde 1960, hemos tenido nueve recesiones, y los precios de los inmuebles residenciales solo cayeron durante una de ellas, la Gran Recesión (2008).

- En el capital riesgo, creamos alfa después de comprar una empresa arremangándonos y añadiendo valor.

- La cultura lo es todo. Por ejemplo, en Goldman Sachs. Tienen una filosofía llamada TIE: **t**rabajo en equipo, **i**ntegridad y **e**xcelencia. Esos son los tres temas que unen a la empresa.

---

[155] Robbins, Tony. *The Holy Grail of Investing.* Simon & Schuster, 2024.

- No se trata de ser la persona más inteligente de la sala. Se trata de ser un buen socio para la persona que está al otro lado de la mesa.

- Es de naturaleza humana pensar que si no lo has vendido, no has realizado tus pérdidas. Vendes tus ganancias y te aferras a tus pérdidas esperando que mejoren. Esta es una estrategia terrible en el mercado de valores, así como en el inmobiliario.

Cuando se trata de valores que podrían formar parte de una cartera diversificada, tendrás que tomar decisiones. Merece la pena dedicar tiempo a investigar a fondo las empresas, o buscar a alguien que invierta en tu nombre. También puedes aprender de otros y seguir continuamente a los mejores inversores para ver qué hacen y por qué.

Warren Buffett, en una entrevista, explicó los tres métodos básicos de despliegue de capital.

Son los siguientes:

1. Las *startups*: aunque no ganen mucho dinero, las empresas de nueva creación suelen invertir mucho en sus negocios. En este punto, a menudo necesitan recaudar fondos. Si pueden convencer a los inversores de su potencial de beneficios, conseguirán financiación para desarrollarse.

2. Empresas que son rentables: invierten dinero en efectivo para aumentar sus beneficios. Es como operan muchas empresas.

3. Empresas que con el tiempo generarán rendimientos exponenciales: no necesitan más financiación y los inversores reciben rendimientos sobre su inversión inicial. Busca este tipo de empresas para invertir[156].

---

156 Saibil, Jennifer. "Warren Buffett's Favorite Companies Have 1 Thing in Common." March 5, 2024. Fool.com. https://www.fool.com/investing/2024/03/05/warren-buffetts-favorite-companies-have-1-thing-in/

También te comparto algunas gemas del libro *The Wit and the Wisdom*, de su compañero del alma, Charlie Munger[157]:

> En toda mi vida, no he conocido a ninguna persona sabia (en un ámbito temático amplio) que no leyera todo el tiempo: ninguna, cero. Te sorprendería saber cuánto lee Warren y cuánto leo yo. Mis hijos se ríen de mí. Creen que soy un libro con un par de patas que sobresalen.
>
> Tengo tres reglas básicas. Cumplir las tres es casi imposible, pero deberías intentarlo de todos modos:
>
> - No vendas nada que no comprarías tú mismo.
> - No trabajes para nadie a quien no respetes y admires.
> - Trabaja solo con gente con la que disfrutes.
>
> La vida y sus diversos pasajes pueden ser duros, brutalmente duros. Las tres cosas que he encontrado útiles para hacer frente a sus desafíos son:
>
> - Tener pocas expectativas.
> - Tener sentido del humor.
> - Rodearme del cariño de amigos y familiares.
>
> Elige a tus clientes como a tus amigos.

-

En las siguientes páginas, aprenderás los conceptos básicos de los valores y cómo enfocar la inversión en empresas. Utilízalos para elaborar tu propia estrategia de inversión. Y recuerda que hay mucho más que aprender. Al final de estas páginas, he incluido una lista de

---

[157] https://medium.com/mbreads/the-wit-and-wisdom-of-charles-t-munger-b1be3d460643

libros de inversión que te recomiendo. Antes de empezar a invertir, lee al menos uno de ellos.

Valores

No tengas miedo de invertir; ten miedo si no lo haces

No invertir significa no crear riqueza. El índice S&P 500 ha arrojado una rentabilidad media anualizada de alrededor del 9 % en los últimos 25 años (y el capital riesgo lo ha superado en más de cinco puntos porcentuales, es decir, en un 14 %)[158]. Y nunca ha sido tan fácil empezar a invertir. Las mejores aplicaciones de inversión en bolsa ya no cobran comisiones por las operaciones con acciones y ETF (fondos cotizados en bolsa). Las plataformas de inversión ofrecen herramientas de búsqueda intuitivas y recursos educativos. Incluso un dólar puede acumularse con el tiempo, ¡pero hay que invertirlo!

Empieza a invertir, cuanto antes mejor, y aumenta gradualmente la cantidad

Considera un fondo índice con costes mínimos o un fondo específico que mantenga una cartera que represente tu sector de mercado preferido. Y, si como empresario necesitas aprender a ser paciente, como inversor necesitas aprender a controlar tus emociones. Pon tu dinero a trabajar cuanto antes, ya que lo hará 24 horas al día, siete días a la semana, y más que tú (y no caerá enfermo ni se tomará vacaciones).

Considera la posibilidad de promediar el coste en dólares

El promediado del coste en dólares consiste en invertir la misma cantidad de dinero en un valor objetivo a intervalos regulares durante un determinado periodo de tiempo, independientemente del precio. Al utilizar el promediado del coste en dólares, los inversores

---

[158] Gupta, Vartika et al. *Prime Numbers: Markets will be markets: An analysis of long-term returns from the S&P 500*. McKinsey & Company. https://www.mckinsey.com/capabilities/strategy-and-corporate-finance/our-insights/the-strategy-and-corporate-finance-blog/markets-will-be-markets-an-analysis-of-long-term-returns-from-the-s-and-p-500

pueden reducir su coste medio por acción y reducir el impacto de la volatilidad en sus carteras.

No te dejes engañar por los consejeros delegados; deja que las cifras de la empresa hablen por sí solas

Presta atención a posibles nuevas normativas y a la evolución de los tipos de interés, y mantén un enfoque a medio y largo plazo. Como dijo Benjamin Graham: «A corto plazo, el mercado es una máquina de votar, pero a largo plazo, es una máquina de pesar»[159]. Y recuerda la filosofía de inversión de Marty Whitman: «No prestamos atención a los beneficios trimestrales ni a las previsiones de consenso. Eso es inversión de rendimiento, no inversión de valor»[160].

Olvídate de predecir el mercado, encuentra empresas infravaloradas y ten paciencia

Como dijo Howard Marks, «La inversión inteligente no consiste en comprar buenos activos, sino en comprar activos bien»[161]. También está la perspicacia de Charlie Munger, que afirma: «Mucha gente cree que si tiene cien acciones está invirtiendo de forma más profesional que si tiene cuatro o cinco. Yo lo considero una locura»[162].

Los inversores inteligentes compran a los pesimistas y venden a los optimistas

Espera el precio y el momento adecuados. En palabras de Joel Greenblatt, «el mercado es muy emocional, pero con el tiempo, hacer algo lógico y sistemático funciona. Al final, el mercado acierta»[163]. Otra

---

159 Graham, Benjamin. "Benjamin Graham Quotes." Goodreads.com. https://www.goodreads.com/quotes/831517-in-the-short-run-the-market-is-a-voting-machine

160 Whitman, Mary. "Mary Whitman Quotes." Novel Investor. https://novelinvestor.com/quote-author/marty-whitman/

161 Marks, Howard. *Howard Marks Quotes*. Novel Investor. https://novelinvestor.com/quote-author/howard-marks/

162 *Munger Games: Charlie Munger's Legacy*. RIA Valuation Insights. https://mercer-capital.com/riavaluationinsights/munger-games-charlie-mungers-legacyD

163 Greenblatt, Joel. *Joel Greenblatt Quotes*. Novel Investor. https://novelinvestor.com/quote-author/joel-greenblatt

forma de verlo es la de Benjamin Graham: «El mercado es un péndulo que oscila eternamente entre un optimismo insostenible (que encarece demasiado las acciones) y un pesimismo injustificado (que las abarata demasiado). El inversor inteligente es un realista que vende a los optimistas y compra a los pesimistas»[164].

Toda inversión inteligente es inversión en valor

No lo digo yo, lo dijo Charlie Munger. Y estoy de acuerdo. Él también solía señalar: «¿Por qué debería ser fácil hacer algo que, si lo haces bien dos o tres veces, hará rica a tu familia de por vida?»[165].

Una vez que aprendes a tener paciencia, tus opciones se amplían de repente

O como Warren Buffet lo describe: «El mercado de valores es un dispositivo para transferir dinero de los impacientes a los pacientes»[166]. Su mano derecha, Charlie Munger, afirmó: «Mucha gente con un alto coeficiente intelectual son pésimos inversores porque tienen un temperamento terrible. Y por eso decimos que tener cierto tipo de temperamento es más importante que el cerebro. Hay que controlar las emociones irracionales. Necesitas paciencia y disciplina, y capacidad para asumir las pérdidas y la adversidad sin volverte loco»[167]. Además, después de leer tantas biografías, creo que las personas que han alcanzado las cotas más altas como seres humanos son aquellas que experimentaron muchas adversidades, las afrontaron y siguieron adelante.

---

164 Graham, B. (2019b). *El inversor inteligente*. HarperCollins Espanol. http://books.google.ie/books?id=pWFgDwAAQBAJ&printsec=frontcover&dq= %22El+inversor+inteligente %22,+de+Benjamin+Graham&hl=&cd=1&source=gbs_api

165 Munger, Charlie. *Charlie Munger Quotes*. QuoteFancy.com https://quotefancy.com/quote/1562117/Charlie-Munger-Why-should-it-be-easy-to-do-something-that-if-done-well-two-or-three-times

166 *The Buffett Way. Profit Through Patience*. WealthDesk. https://wealthdesk.in/blog/the-buffett-way-profit-through-patience/

167 Munger, Charlie. *Charlie Munger Quotes*. Goodreads.com. https://www.goodreads.com/quotes/7237600-a-lot-of-people-with-high-iqs-are-terrible-investors

Vigila tu presupuesto

Como dijo Thomas Jefferson, «Nunca gastes dinero antes de tenerlo»[168].

Tres reglas principales para invertir: 1, diversificación; 2, *stop loss;* 3, periodo de tiempo o precio de salida definido antes de invertir

Selecciona aquellos valores multibolsa (una acción de renta variable que proporciona más de un 100 % de rentabilidad) o empresas compuestas con sólidos fundamentos que generen rentabilidades exponenciales y que tengan más probabilidades de seguir liderando sus sectores durante los diez años siguientes. Reduce tus pérdidas vendiendo tus acciones si bajan 8 % de su precio de compra, y vende las de peor rendimiento, entre las rentables, cuando suban un 25 %.

La mayoría de los millonarios lo consiguieron invirtiendo en valores, bienes inmuebles y empresas autofinanciadas

Cuando inviertas en valores, al principio, considera los fondos indexados ya que, en general, han batido a los fondos de inversión a lo largo del tiempo[169]. Si prefieres la inversión activa, entonces sigue los criterios de Value Investing y la recomendación de Peter Lynch: «No compres acciones baratas solo porque son baratas. Cómpralas porque los fundamentales están mejorando»[170].

Nunca inviertas más de lo que puedas permitirte, y nunca te endeudes para invertir (con algunas excepciones para oportunidades inmobiliarias)

Por cierto, como sugerí antes, si un amigo o familiar te pide prestado por primera vez, y puedes prestarle la cantidad que te pide, hazlo, pero si no te devuelve el dinero, se acabó. No tropieces dos veces con la misma piedra.

---

168 Jefferson, Thomas. *Thomas Jefferson Quotes*. BrainyQuote.com. https://www.brainyquote.com/quotes/thomas_jefferson_165957

169 Folger, Jean. *Investing in Index Funds: What You Need to Know*. August 2, 2023. Investopedia. https://www.investopedia.com/investing-in-index-funds

170 Lynch, Peter. *Peter Lynch Quotes*. Novel Investor. https://novelinvestor.com/quote-author/peter-lynch/

Invertir es un juego aburrido a largo plazo

Como sugiere Warren Buffet: «Compra solo algo que le haría feliz mantener si el mercado se detuviera durante diez años»[171]. O como le gusta decir a George Soros: «Si te estás divirtiendo, probablemente no estás ganando dinero. Invertir bien es aburrido»[172]. Por tanto, empieza invirtiendo a largo plazo parte de tu dinero, inicialmente en un fondo índice con comisiones bajas y una cartera que imite a la bolsa, y no te preocupes cuando el mercado caiga (lo hará). Por último, una vez que tengas al menos diez años de experiencia invirtiendo, como decía Charlie Munger: «El éxito significa ser muy paciente, pero agresivo cuando llega el momento»[173].

Infórmate sobre opciones, estrategias de compra cubierta, ETF y REIT

Diversifica tu cartera en torno a un 30 % en tus propios negocios/acciones de dividendos/comercio, un 30 % en ETF (Exchange Traded Funds), un 30 % en Real Estate/REIT (Real Estate Investment Trusts) y el 10 % restante como efectivo listo para nuevas oportunidades. Y nunca dejes de aprender, especialmente sobre alternativas de inversión. En general, necesitas mil horas de aprendizaje y práctica para ser bueno, mil para ser muy bueno y más de diez mil para convertirte en un experto (y afortunadamente siempre puedes aprender algo nuevo, sean cuales sean las horas invertidas, así que no te preocupes por aburrirte).

No olvides la utilidad marginal

La escuela austriaca de economía, con el libro de Carl Menger (1871) *Principles of Economics*, introdujo el concepto de utilidad marginal. Menger sugirió que el valor de un bien se deriva del disfrute o beneficio que obtenemos de consumirlo, en lugar del costo de los materiales o el

---

171 Speights, Keith. Warren Buffett Turns 93 Today: Here's His Best Investing Advice Ever. August 30, 2023. Motley Fool. https://www.fool.com/investing/2023/08/30/warren-buffett-turns-93-best-investing-advice-ever2
172 Mittal, Aditi. Habits of a Good Investor. August 31, 2023. LinkedIn. https://www.linkedin.com/pulse/habits-good-investor-aditi-mittal-cfe/
173 Munger, Charlie. Charlie Munger Quotes. QuoteFancy.com. https://quotefancy.com/quote/1561885/Charlie-Munger-Most-people-are-too-fretful-they-worry-to-much-Success-means-being-very

trabajo utilizado para hacerlo. Este concepto, conocido como utilidad marginal disminuida, es central en la teoría económica moderna, que enfatiza el libre albedrío y el deseo de hacerse feliz y que dictan las compras y los precios, con las personas pagando más o menos en función de dicha utilidad o felicidad percibida174.

La mejor inversión que puedes hacer es en ti mismo

No escatimes en formación continua y aprende sobre todo tipo de inversiones. Como le gustaba decir a Charlie Munger, «El aprendizaje permanente es primordial para el éxito a largo plazo»[175]. O como dicen por aquí en Miami: la clave del éxito reside en la propia palabra «key»: keep educating yourself, ('sigue educándote').

-

Ahora que hemos visto los fundamentos de la inversión inteligente, vale la pena que exploremos aspectos adicionales. He hablado del potencial de la inversión inteligente para tener un impacto y darte libertad financiera. También es útil conocer las posibles estrategias que puedes aplicar y las oportunidades que tenemos ahora gracias a los avances recientes. Veremos esto en los próximos capítulos.

---

174 https://www.linkedin.com/pulse/carl-menger-marginal-utility-antonio-grace-ffo-phd-china-mba

175 Baid, Gautam. *Joys of Compounding.* Goodreads.com https://www.goodreads.com/author/quotes/18960770.Gautam_Baid?page=2#:~:text=Charlie %20Munger %20said %20that %20lifelong,on %20what %20we %20already %20know

CAPÍTULO 13

La relevancia del largo plazo

"Diversification is important. The more investments you have, the longer it takes to figure out how much you've lost."

La diversificación es importante. Cuantas más inversiones tengas, más tardarás en saber cuánto has perdido

Llevo décadas invirtiendo activamente y de lo único de lo que me arrepiento es de no haber empezado antes. Esto se debe a que he dedicado mucho tiempo a formarme en las mejores prácticas. He leído muchos libros y boletines de accionistas, he seguido a los mejores inversores para entender sus estrategias, he escuchado pódcasts y he analizado mi propio historial. Un punto que queda claro en casi todos los recursos y experiencias sobre inversión, es el poder del enfoque a largo plazo.

No soy el único que piensa así, claro. De hecho, esa afirmación está respaldada por la investigación. Si estás ansioso por lanzarte a jugar en el mercado, puede parecerte emocionante intentar obtener una rentabilidad rápida. Ten en cuenta, sin embargo, que obtener beneficios en este espacio puede ser difícil, y a menudo no es posible. El estudio ¿Aprenden racionalmente los day traders *sobre su habilidad?*, realizado por las universidades de Berkeley, California y Pekín, analizó los efectos de las operaciones a corto plazo[176]. Los investigadores que participaron en el estudio analizaron una base de datos con cientos de miles de cuentas pertenecientes a *day traders*. Los resultados mostraron que solo ganaba dinero cada año menos del 2 % de los especuladores a corto plazo. En otras palabras, ¡el 98 % perdía!

---

[176] Barber, Brad et al. *Do Day Traders Rationally Learn About Their Ability?* October 2017. Berkley. https://faculty.haas.berkeley.edu/odean/papers/Day%20Traders/Day%20Trading%20and%20Learning%2020110217.pdf

Table 4: Day Trading by Occasional Traders, First Time Traders, Unprofitable Traders, and Profitable Traders

Occasional day traders are those with less than 20 days of day trading or a one year break in day trading. First timers are day traders who started within the calendar year. Unprofitable (profitable) day traders have a minimum of 20 days of day trading experience through year t-1 and a negative (positive) mean daily day trading return net of costs.

Year	Occasional Traders	First Timers	Unprofitable Traders	Profitable Traders	All Traders
	Panel A: Percentage of All Traders				Number
1995	47.6	41.1	10.4	0.9	136,879
1996	46.1	38.0	14.8	1.1	146,109
1997	32.4	58.5	8.6	0.5	354,057
1998	42.3	40.3	16.5	0.9	399,407
1999	43.7	33.4	21.8	1.1	416,815
2000	42.0	35.5	21.3	1.2	519,343
2001	45.5	24.8	27.7	2.0	430,638
2002	44.0	25.7	28.2	2.1	465,378
2003	42.6	19.7	35.3	2.4	386,450
2004	43.1	22.8	32.1	1.9	431,908
2005	40.6	16.1	40.7	2.6	305,777
2006	45.0	18.9	34.1	2.0	357,877
Mean	42.9	31.2	24.3	1.6	362,553

Piensa en esto un poco más y se hará más evidente lo difícil que puede ser operar diariamente y tener éxito. Los resultados del estudio demuestran que el 98 % no es que no consiguieran batir al mercado, es que tuvieron pérdidas. Estas personas, que operaban constantemente y trataban de obtener beneficios, en realidad acabaron con menos de lo que tenían cuando empezaron. Podrían haber tenido más en sus cuentas simplemente conservando sus fondos y no invirtiéndolos en absoluto.

Quizá te preguntes la diferencia entre la inversión a largo plazo y a corto. Para responder a esa pregunta, de nuevo recurriendo a la investigación, vemos que los resultados suelen ser mejores a largo plazo. La rentabilidad media de la bolsa a largo plazo es del 6,7 % anual tomando en cuenta la inflación[177].

---

177 Wharton Staff. *Seigel vs. Shiler: Is the Stock Market Overvalued?* September 18, 2018. Wharton. https://knowledge.wharton.upenn.edu/article/siegel-shiller-stock-market/

Aun así, hay distintas formas de enfocar la inversión a largo plazo, y merece la pena dedicar tiempo a ver los rendimientos que obtienen los distintos tipos de inversores a lo largo del tiempo. También veremos cómo funciona el interés simple y lo compararemos con el interés compuesto para ver los distintos tipos disponibles (¡y ayudarte a elegir el adecuado!). Por último, conocer los impuestos puede ayudarte a tomar decisiones de inversión mucho más rentables.

La formación y la experiencia cuentan

Aunque una rentabilidad anual del 6,7 % en bolsa es la media, hay formas de obtener más (o menos) del mercado. He visto que un inversor experimentado y educado puede ganar entre un 10 % y un 15 % cada año. La rentabilidad anual de Warren Buffett, uno de los mejores inversores de la historia, es del 20 %[178].

Las estadísticas muestran que, para el pequeño inversor medio, la rentabilidad de las acciones es inferior a la media general del 6,7 % (que tiene en cuenta la mayor rentabilidad de los inversores experimentados). Si eres un pequeño inversor, puedes esperar una rentabilidad media del 2,5 % de la bolsa[179]. Aunque esto pueda parecer bajo, al menos parte de tu poder adquisitivo, dependiendo de la inflación, se conserva. Además, no entrarás en la categoría del 98 % de los *day traders* que pierden dinero.

Aun así, si estás empezando y quieres aumentar tu rentabilidad para que sea superior al 2,5 % anual de media, te animo a que leas y aprendas. Como ya he mencionado, los datos muestran que los inversores con experiencia y formación pueden ganar entre un 7,5 % y un 12,5 % más que el pequeño inversor medio.

---

178 Fox, Dr. James. *Starting with nothing in 2024? I'd use the Warren Buffet method to build wealth*. January 8, 2024. Yahoo!Finance. https://uk.finance.yahoo.com/news/starting-nothing-2024-d-warren-060000213.html

179 Hanlon, Sean. *Why the Average Investor's Investment Return is so Low*. April 24, 2014. Forbes. https://www.forbes.com/sites/advisor/2014/04/24/why-the-average-investors-investment-return-is-so-low/

Aunque al final de este libro he incluido una lista de recursos que puedes utilizar para ampliar tus conocimientos, comparto aquí algunas ideas para empezar.

En primer lugar, ¿qué tienen en común los inversores extraordinarios con rendimientos superiores al 20 %? Todos ellos invierten a largo plazo y aplican estrategias de inversión en valor (analizaremos la inversión en valor en el capítulo 14).

The World's Top Investors

Investor, Key Fund/Vehicle	Period	Average Annual Returns After Fees
Jim Simons, Medallion	1988-2018	39%
George Soros, Quantum	1969-2000	32%
Steven Cohen, SAC	1992-2003	30%
Peter Lynch, Magellan	1977-1990	29%
Warren Buffett, Berkshire Hathaway	1965-2018	21%
Ray Dalio, Pure Alpha	1991-2018	12%

Source: The Wall Street Journal — www.libertythroughwealth.com

Estas leyendas también han identificado patrones de mercado y han aprendido el poder del interés compuesto y cómo puede conducir a mayores ganancias con el paso de los años.

Entender el interés simple

Si realizas una inversión con un tipo de interés simple vinculado a las ganancias, querrás saber qué puedes esperar como rendimiento. El interés simple se calcula tomando la cantidad inicial de capital, sin añadir los intereses que se hayan podido acumular en el pasado. Para hallar la rentabilidad que cabe esperar, se toma la suma inicial de dinero, se multiplica por el tipo de interés y luego por el tiempo que se invierte.

La fórmula es:

Interés simple = P x r x t

Donde:

P representa el importe del principal (la suma inicial de dinero).

r representa el tipo de interés.

t representa el tiempo que se invierte el dinero, normalmente en años.

Por ejemplo, si inviertes $ 10 000 a un tipo de interés simple del 5 % durante cinco años, el interés obtenido sería:

Interés = 10 000 × ,055 × 5

La cantidad total de intereses que devengaría tu inversión al cabo de cinco años sería de $ 2500. En total, tu inversión al cabo de cinco años sería de $ 12 500.

El interés simple crece a un ritmo lineal, por lo que ganarás lo mismo cada año. Una vez que sepas cuánto ganarás en un año, puedes esperar esa misma cantidad al año siguiente. Aunque esto puede ser fácil de calcular, también limita parte de tu potencial de ganancias, ya que la tasa no se basará en la cantidad que se acumule con el tiempo.

Entender el interés compuesto

A diferencia del interés simple, el interés compuesto tiene en cuenta los intereses que se acumulan con el tiempo. El tipo de interés se aplica tanto al principal como a los intereses devengados anteriormente. Esto permite que la inversión crezca exponencialmente.

Para calcular el interés compuesto, la fórmula es:

$C_n = C_0 \times (1 + i)n$

Donde:

C_n = Capital (la cantidad) que tendrás al final del año

C_0 = Capital inicial (la cantidad que invirtió inicialmente)

i = tipo de interés anual

n = número de años

Siguiendo con el ejemplo del apartado de interés simple, si se invierten $ 10 000 a un tipo de interés compuesto del 5 % durante cinco años, los intereses obtenidos serían:

$C_n = 10.000 \times (1 + 0{,}05)^5$

C = $ 12 762,82

La cantidad total de intereses que ganaría tu inversión en cinco años sería de $ 2762,82. En total, tu inversión sería de $ 12 762,82 después de ese periodo.

Las ventajas del interés compuesto

Si comparamos el ejemplo del interés simple con el del interés compuesto, vemos que con el interés compuesto tu inversión ganaría $ 262,82 más en cinco años. Con el tiempo, y a tipos de interés más altos, las diferencias son mayores.

Considera el siguiente gráfico, que muestra € 10 000 invertidos a varios tipos de interés simple durante cincuenta años:

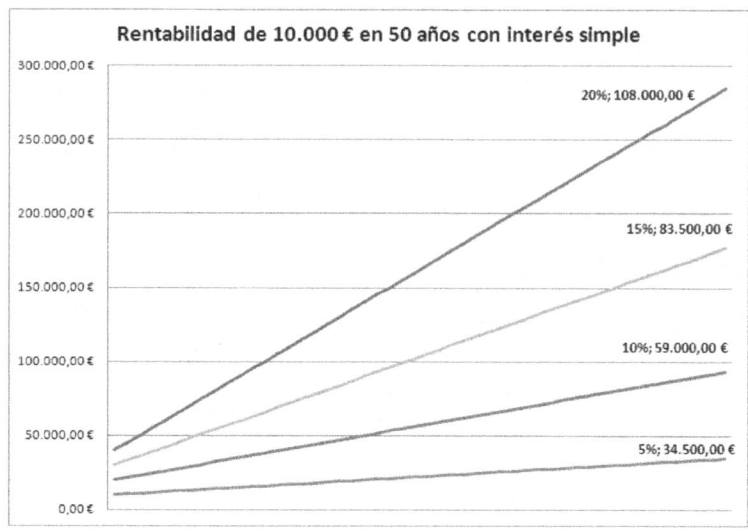

Observa ahora el siguiente gráfico, que representa una inversión de € 10 000 con diferentes tipos de interés compuesto durante 50 años:

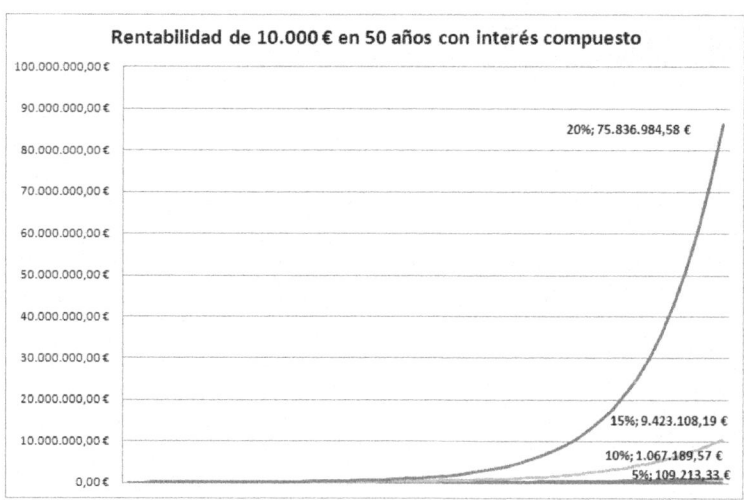

Para ver cómo se compara el interés simple con el interés compuesto a lo largo del tiempo, considera el siguiente gráfico. En él se muestra la información de los gráficos anteriores uno al lado del otro:

10.000 €, 50 años	5%	10%	15%	20%
Interés simple	34.500,00 €	59.000,00 €	83.500,00 €	108.000,00 €
Interés compuesto	109.213,33 €	1.067.189,57 €	9.423.108,19 €	75.836.984,58 €
Diferencia	316,56%	1808,80%	11285,16%	70219,43%

Al invertir a largo plazo, el interés compuesto hace que tus fondos crezcan exponencialmente. Como dijo Albert Einstein: «El interés compuesto es la octava maravilla del mundo. Quien lo entiende, lo gana...; quien no..., lo paga»[180].

Inversión a largo plazo e impuestos

Cuando realizamos una inversión y no sacamos beneficios, podemos aplazar el pago de impuestos sobre el importe. De hecho, no tendremos que acudir al fisco hasta que vendamos nuestras acciones. Cuando vendamos, si hemos tenido las acciones más de un año, normalmente estarán sujetas a los tipos impositivos sobre plusvalías a largo plazo, que podrían ser inferiores a los tipos impositivos sobre plusvalías a corto plazo.

En cambio, si especulamos a corto plazo y compramos y vendemos acciones en el plazo de un año, las ganancias deben declararse como plusvalías a corto plazo. En muchos sistemas fiscales, las plusvalías a corto plazo se gravan mucho más que las plusvalías a largo plazo. (¡Y eso si ganas algo con el *day trading*! Recuerda que solo el 2 % de los especuladores a corto plazo no perdieron dinero, según el estudio de las universidades de Berkeley, California y Pekín)[181].

---

180 Einstein, Albert. *Albert Einstein Quotes*. Goodreads.com. https://www.goodreads.com/quotes/76863-compound-interest-is-the-eighth-wonder-of-the-world-he

181 Barber, Brad et al. *Do Day Traders Rationally Learn About Their Ability?* October 2017. Berkley. https://faculty.haas.berkeley.edu/odean/papers/Day%20Traders/Day%20Trading%20and%20Learning%2011 0217.pdf

Como reflexión final que podría motivarte a empezar hoy mismo a invertir a largo plazo, considera el ejemplo de Jim Simons. Su estrategia de inversión se describe en el libro *El hombre que resolvió el mercado: How Jim Simons Launched the Quant Revolution*[182]. Recomiendo encarecidamente su lectura para ver sus estrategias. En resumen, no buscaba acertar el 100 % de las veces. En su lugar, intentó tener una pequeña ventaja o acertar el 50,75 % de las veces. Con esta estrategia, descubrió que podía ganar mucho dinero. Desde 1988, su emblemático Medallion Hedge Fund ha generado una rentabilidad media anual del 66 %. Lo ha conseguido encontrando las pautas ocultas del mercado y realizando entre 150 000 y 300 000 operaciones al día. Sus beneficios de inversión superan con creces los de Warren Buffet, George Soros y Peter Lynch. Según las estimaciones, su última firma, llamada Renaissance, ha obtenido beneficios de más de 100 000 millones de dólares[183].

Una vez que hayas pensado en una inversión más inteligente y hayas adoptado un enfoque a largo plazo, es hora de considerar en qué empresas invertir. En el siguiente capítulo, dedicado a la inversión en valor, daré algunas pautas al respecto. Me referiré a centrarse en el crecimiento potencial y el valor futuro de una empresa. Mientras tanto, reflexiona sobre tus propias finanzas y desarrolla una estrategia inicial para mejorar tu dinero en tus propios términos a largo plazo. Y recuerda, juega de forma iterativa. Todos los beneficios de la vida, ya sea en riqueza, conocimientos o relaciones, proceden del interés compuesto.

---

[182] Zuckerman, Gregory. *The Man Who Solved the Market: How Jim Simons Launched the Quant Revolution*. Portfolio, 2019.

[183] Zuckerman, Gregory. *The Man Who Solved the Market: The Notes*. Novel Investor. https://novelinvestor.com/notes/the-man-who-solved-the-market-by-gregory-zuckerman/

CAPÍTULO 14

Value Investing

"Sometimes the best investments are the ones you don't make. Let's go with that strategy and see where it takes us."

A veces, las mejores inversiones son las que no se hacen. Sigamos esa estrategia y veamos adónde nos lleva

Cuando se trata de invertir en empresas, no se trata solo de mantener las acciones a largo plazo. También se trata de elegir las adecuadas. ¿Qué empresas van a aumentar su valor con el tiempo? ¿Cuántas tendrán probablemente los mismos beneficios durante los próximos años? ¿Cuáles utilizarán el capital de forma tan inteligente que acabarán generando rendimientos exponenciales? ¿Qué otras podrían entrar en una espiral descendente que las lleve a obtener menos beneficios o incluso a fracasar?

Philip Fisher, inversor de renombre, suele ser considerado pionero de la estrategia de inversión en crecimiento. Fue el primero en fijarse en el valor emergente de una empresa más que en su cotización bursátil actual. Basaba sus decisiones en un análisis exhaustivo que pretendía comprender la empresa y su potencial de crecimiento.

Fisher nació en 1907 en San Francisco, California, y se licenció en Económicas por la Universidad de Stanford. Tras trabajar como analista de valores, fundó su empresa de inversiones, Fisher & Co., en 1931. Cuando se jubiló, en 1999, Fisher había dirigido la empresa durante casi setenta años. Durante ese tiempo, fue conocido por ofrecer grandes rendimientos a sus clientes. Influyó en otros grandes inversores, como Warren Buffett[184].

En lugar de intentar seguir los ciclos económicos y comprar a precios bajos para vender después a precios altos, Fisher introdujo el concepto de comprar y mantener. Incluso escribió: «Solo de vez en cuando hay alguna razón para vender». Siguiendo sus propias enseñanzas, Fisher compró acciones de Motorola en 1955 y las conservó hasta su muerte, en 2004[185].

Para compartir su filosofía de inversión en valor, Fisher escribió *Common Stocks and Uncommon Profits and Other Writings*, un libro cuya lectura recomiendo encarecidamente. En sus páginas, Fisher revela su estrategia de los quince puntos, que los inversores pueden utilizar para evaluar una empresa. Yo suelo recurrir a esta lista de comprobación

---

[184] Chen, James. *Philip Fisher: History, Market Impact, FAQs*. January 2, 2024. Investopedia. https://www.investopedia.com/terms/p/philip-fisher.asp

[185] *Common Stock Checklist from Phil Fisher*. Old School Value. https://www.oldschoolvalue.com/investing-strategy/common-stock-checklist/#google_vignette

cuando considero una inversión (además del impacto positivo que quiero ver que una empresa tiene en el mundo)186. Aunque Fisher afirma que la mayoría de las empresas no cumplen perfectamente los quince puntos, llevar a cabo este ejercicio puede ayudarte a comprender mejor el crecimiento potencial y el valor de una empresa. Una vez que encuentres una buena opción, podrías comprar acciones y verlas crecer con el tiempo, sin venderlas nunca.

Ciertamente, esto requiere una investigación rigurosa y mucho más que una rápida búsqueda en Google.

Comparto los quince puntos, ya que otros inversores de éxito suelen hacer referencia a ellos y seguirlos. También hago una breve descripción añadida a cada una de estas consideraciones.

Mientras los lees, piensa en valores en los que hayas pensado invertir. Evalúa también tu estrategia de inversión actual. Y recuerda, si no tienes tiempo para comprometerte a llevar a cabo este trabajo preliminar, busca un inversor de confianza que pueda hacerlo activamente en tu nombre. Al fin y al cabo, eso es lo que Fisher hizo por sus clientes durante las décadas que dirigió su empresa.

Estos son los quince puntos del libro de Fisher *Common Stocks and Uncommon Profits*:

1. ¿Ofrece la empresa productos o servicios con suficiente potencial comercial para hacer posible un aumento sustancial de las ventas durante al menos varios años?

No te limites a comprobar los resultados de una empresa el año anterior. Fíjate en su historial para ver si se han expandido o reducido durante los últimos años. Deben tener productos y servicios que puedan servir a una base de clientes mucho mayor (el famoso mercado total direccionable). De esta forma tienen la oportunidad de producir más ingresos y beneficios en los próximos años.

---

186 Fisher, Philip. *Common Stocks and Uncommon Profits and Other Writing*. Wiley, 1996.

2. ¿Está decidida la dirección a seguir desarrollando productos o procesos que aumenten aún más el potencial de ventas cuando el potencial de crecimiento de las líneas de productos actualmente atractivas se ha explotado en gran medida?

Los mercados acaban madurando y es posible que los productos que hoy son atractivos no se compren mañana. Es importante contar con un equipo directivo que mire ya hacia el futuro desarrollando nuevos productos que puedan venderse en los próximos años y, posiblemente, sustituyan su oferta actual.

3. ¿Cuál es la eficacia de los esfuerzos de investigación y desarrollo de la empresa en relación con su tamaño?

Consulta a los competidores de una empresa y averigua el tamaño de sus departamentos de investigación y desarrollo. Comprueba si los esfuerzos de investigación de la empresa han aumentado o disminuido en los últimos años. Todas estas pueden ser señales que te muestren si la empresa cree que tiene una base sólida en el mercado y no necesita desarrollar tantas innovaciones nuevas, o si se está esforzando por competir y mejorar su posición creando algo diferente.

4. Incluso si una empresa fabrica un gran producto, tendrá que trabajar activamente en la creación de marca y la venta.

Fíjate en cómo se anuncia y conecta con sus clientes. Tener en cuenta las opiniones sobre sus productos y el nivel de satisfacción de sus clientes te ayudará a entender cómo el mercado percibe sus bienes y su servicio.

5. Investiga para ver cómo se comparan los márgenes de beneficio de la empresa con los de otras empresas de su sector.

Si reinvierte beneficios, averigua por qué. Quizá se esfuerza por crecer durante los próximos años, o quizá necesita los fondos para seguir funcionando.

6. ¿Qué hace la empresa para mantener o mejorar los márgenes de beneficio?

Si una empresa se limita a aumentar el precio de sus productos para tener un mejor margen de beneficio, su estrategia podría no ser sostenible. Fíjate en lo que hace la empresa para gestionar los costes y cómo planea escalar y aumentar sus márgenes de beneficio en el futuro.

7. Puedes consultar los comentarios en línea para ver qué dicen los empleados de la empresa.

Si la califican como un buen lugar para trabajar, podría tener una cultura sólida que fomenta el crecimiento. Las empresas que tienen muchos miembros del personal que se van, o bajas tasas de retención, podrían tener problemas subyacentes.

8. La forma en que el equipo directivo interactúa entre sí repercutirá en los resultados de la empresa.

Si se llevan bien y trabajan en equipo, podrían marcar la pauta para los departamentos que están por debajo de ellos. Un lugar de trabajo tenso puede ser señal de una empresa en dificultades.

9. Una empresa que depende en gran medida del líder podría tener problemas si esa persona ya no puede desempeñar su función.

Las empresas con potencial de crecimiento deberían delegar responsabilidades en directivos de menor nivel. De ese modo, las decisiones pueden tomarse más fácilmente y los cambios pueden aplicarse con mayor facilidad.

10. Puede resultar difícil averiguar cómo gestiona una empresa el análisis de costes y los controles contables, pero puedes comprobar si realizan un seguimiento minucioso de sus costes e ingresos.

Que tenga registros detallados puede indicar que controla bien los gastos. También puedes hacer un seguimiento de las causas de la subida de los costes y analizar los acontecimientos que dieron lugar a un aumento de los ingresos.

11. ¿Existen otros aspectos de la empresa, algo específicos del sector en cuestión, que puedan dar pistas al inversor sobre lo excepcional que puede ser la empresa en relación con sus competidores?

La lectura de su informe anual puede ser un buen punto de partida. También querrás descubrir qué otra información está disponible sobre la empresa, sus competidores y su sector. Consulta revistas especializadas, ve vídeos y lee blogs para saber más sobre cómo se compara la empresa con otras de su segmento.

12. ¿Tiene la empresa una previsión de beneficios a corto o largo plazo?

Las empresas que miran a largo plazo tendrán un enfoque diferente al de las empresas que solo piensan a corto plazo. Una empresa puede renunciar a los beneficios a corto plazo si su objetivo es un crecimiento exponencial a largo plazo. Amazon, por ejemplo, no obtuvo beneficios durante sus primeros nueve años de existencia.

13. En un futuro previsible, ¿el crecimiento de la empresa requerirá fondos propios para aumentar el número de acciones en circulación y anular el beneficio por acción de los accionistas actuales por este crecimiento previsto?

Averigua cómo ha obtenido fondos propios la empresa en el pasado. Comprueba si ha aumentado el número de acciones con anterioridad. Si lo ha hecho, evalúa los resultados y cómo se vieron afectados los accionistas.

14. ¿La dirección habla libremente de sus asuntos cuando las cosas van bien, pero se calla cuando surgen problemas y decepciones?

Querrás saber si los líderes de la empresa tienen un historial de honestidad a la hora de informar a los accionistas. Puede ser fácil compartir las buenas noticias. Pero ¿qué ocurre cuando las cosas no van tan bien? Busca la transparencia, empezando por el liderazgo.

15. ¿Tiene la empresa un equipo directivo con una integridad incuestionable?

Los directivos deben ser dignos de confianza y sentir un sentido del deber hacia los accionistas. Si un directivo carece de integridad, puede resultar difícil descifrar quién se beneficia realmente. Los equipos directivos poco fiables pueden buscar formas de llevarse beneficios en lugar de repercutirlos en los accionistas.

-

Para encontrar las respuestas a estas preguntas, a menudo tendrás que hablar con otras personas, recurrir a tu red y círculo personal e investigar por tu cuenta. Puede llevar un tiempo analizar a fondo una empresa. Sin embargo, es un paso importante, ya que te ayudará a ver dónde se encuentra la empresa hoy y si está preparada para afrontar el mañana.

Puede parecer imposible encontrar una empresa con respuestas positivas a los quince puntos. Según Fisher, una empresa no tiene por qué obtener una puntuación perfecta, ya que eso sería muy difícil, pero que cumpla la mayoría de los puntos podría ser un indicador de una buena inversión.

Adicionalmente al análisis fundamental de cada potencial participada de tu «círculo de competencia», conviene estar al día sobre la situación macroeconómica, la de la industria afectada, revisar el análisis técnico, considerar la liquidez de mercado, la psicología social del momento, diversificar para evitar tener más del 20 % en un solo activo, evitar el *trading* diario (solo el 5 % gana dinero después de diez años), y tener identificado, antes de entrar, a qué precio objetivo vas a vender (o mantener invertidos solo los beneficios).

Cómo ves, invertir con éxito requiere una mezcla de conocimientos, disciplina y paciencia. Puede parecer mucho trabajo, y lo es. De hecho, ni siquiera hemos abordado las finanzas cuantitativas, el uso de fórmulas (Black Scholes, Greenblatt, Kelly, etc.), los indicadores que aderezan los algoritmos de mis fondos, o el *check list* de la que denomino «dieta del unicornio» (ya sabes, esas empresas que alcanzan una valoración superior a los mil millones de dólares y que suelen cumplir las cinco vocales —aeiou—: usan el apalancamiento, son escalables, con un ámbito internacional, objetivo con propósito y únicas en algo), por lo que, como ya he mencionado antes, si no tienes tiempo para llevar a cabo los análisis pertinentes antes de realizar una inversión, mejor busca a alguien que tenga conocimientos, experiencia y un buen *track record,* que pueda ayudarte a tomar decisiones o gestionar tu patrimonio para que puedas, como Fisher, comprar y mantener, y ver crecer el valor de tus inversiones.

CAPÍTULO 15

Sesgos cognitivos, futuros y opciones

*¿Por qué es tan difícil pensar fuera de la caja?
A nosotros no nos cuesta nada gastar fuera de la caja*

Cuando empieces a informarte sobre el *trading*, te sorprenderá la cantidad de información que existe. Personalmente, hago de la lectura un hábito diario y aprendo sin parar. Llevo ya años en el mundo de la inversión y he encontrado principios que sigo y que marcan la diferencia. Algunas de estas pautas incluyen ser consciente de los sesgos cognitivos y conocer los futuros y las opciones para cubrir tus inversiones.

Si conoces estas áreas, puedes mitigar el riesgo de varias maneras. Si evitas los prejuicios, tendrás más probabilidades de tomar una decisión racional, en lugar de una basada en la emoción o en un cálculo erróneo. Conocer las estrategias de opciones futuras y avanzadas también puede ayudar a sacar el máximo partido de los movimientos de precios relativos. No tendrás que depender directamente de los cambios de precios y esperar que vayan a tu favor. En su lugar, puedes protegerte comprando y vendiendo futuros u opciones relacionadas.

En las siguientes secciones, expondré lo que querrás saber sobre los sesgos cognitivos. A continuación, explicaré los fundamentos de los futuros y las opciones en lo que respecta a la inversión, para ayudarte a entender cómo funcionan. Mientras lees esto, puedes pensar en cómo sueles tomar decisiones, junto con lo que piensas hacer en el futuro a la hora de realizar una inversión.

Evitando sesgos cognitivos

Cuando hablamos de sesgos cognitivos en la inversión, nos referimos a alteraciones de nuestra mente que son difíciles de eliminar. Pueden dar lugar a una percepción distorsionada de la realidad, a juicios equivocados o a interpretaciones que no son lógicas. Estos prejuicios pueden impedirnos tomar decisiones racionales a la hora de invertir.

El recientemente fallecido Daniel Kahneman, psicólogo y ganador del Premio Nobel de Economía, identificó varios sesgos cognitivos que afectan a los inversores, como la aversión a las pérdidas (ya que estas suelen ser más dolorosas que la satisfacción que resulta de las ganancias), el encuadre estrecho (*narrow framing*) o querer simplificarlo todo, la ceguera inducida por la sobreconfianza, la ilusión de control, el exceso de optimismo y otros similares187. Cuanto más puedas deshacerte de los sesgos a la hora de tomar una decisión sobre una operación o un valor, mejor.

Voy a compartir aquí dos listas, una de Adrián Godás y otra de Paco Lodeiro, que juntos presentan un pódcast que recomiendo, llamado *Value Investing*. Ambos comparten regularmente consejos sobre cómo construir riqueza a través de estrategias seguras y sensatas.

Según Adrián Godás[188], los diez principales sesgos cognitivos son:

1. **Comparación por contraste**: en lugar de estudiar una empresa, podríamos simplemente compararla con otras para decidir cómo está funcionando.

2. **Cámara de eco**: estar rodeado de personas que piensan lo mismo que tú en casi todos los temas.

3. **Coherencia**: una vez que nos hemos comprometido con una acción u opinado, no queremos cambiar de opinión ni echarnos atrás, aunque la situación cambie.

4. **Anclaje**: aferrarnos a una cifra concreta, como el precio de compra de una acción. Podríamos basar nuestra decisión en este valor y no ajustar nuestra estrategia cuando llegue nueva información.

5. **Narrativas**: inventarnos una historia sobre cómo se comportará una inversión, basándonos en lo que pensamos en nuestra mente y no en los datos de los que disponemos.

6. **Autoridad**: escuchar a quienes creemos que están en una posición de credibilidad y no tomar decisiones basándonos en nuestras propias conclusiones.

---

187 https://www.inbestme.com/es/es/blog/kahneman-ha-muerto-vivan-las-finanzas-del-comportamiento/

188 Amado, Paco Lodeiro. *Top 20 sesgos cognitivos para inversores en bolsa*. July 14, 2019. Academia de Inversión. https://www.academiadeinversion.com/top-20-sesgos-cognitivos-inversores-en-bolsa/

7. **Falso sesgo de consenso**: sobrestimar la medida en que los demás están de acuerdo con nosotros. Por ejemplo, podemos pensar que como la gente que nos rodea posee una acción, todo el mundo la tiene.

8. **Simpatía**: confiar en las personas que nos caen bien, como un líder carismático. Puede que el director general de una empresa no tome decisiones inteligentes, aunque nos parezca una persona agradable.

9. **Disponibilidad**: dar más importancia a la información más reciente sobre una empresa, en lugar de fijarnos en sus resultados a lo largo del tiempo.

10. **Status quo**: pensar que todo seguirá igual, y que los precios de las acciones no cambiarán.

Ahora seguimos con los diez principales sesgos cognitivos en la inversión, según Paco Lodeiro[189]:

1. ***Argumentum ad antiquitatem***: se refiere a una tesis que se ve como correcta basándose en que tradicionalmente se ha considerado cierta. Por ejemplo, podríamos decir que el precio de la vivienda siempre sube, y no investigar las tendencias del precio de la vivienda para ver qué podría ocurrir el año siguiente.

2. **Falacia por asociación**: suele ocurrir cuando nos formamos una opinión basada en nuestra percepción de un grupo, en lugar de una sola empresa. Podemos decidir: «Costco es un gran negocio porque es un minorista», pero no evaluar Costco como empresa individual para ver su rendimiento.

3. **Generalización inadecuada o prueba con el ejemplo**: podemos utilizar un caso particular para formarnos una opinión sobre todo un sector. Por ejemplo, podemos decidir que invertir en

---

[189] Amado, Paco Lodeiro. *Top 20 sesgos cognitivos para inversores en bolsa*. July 14, 2019. Academia de Inversión. https://www.academiadeinversion.com/top-20-sesgos-cognitivos-inversores-en-bolsa/

empresas online es arriesgado por lo ocurrido a MySpace, una empresa que fracasó.

4. **Argumentum ad verencundiam**: se refiere a basar la relevancia de una afirmación en factores como el nivel de fama, prestigio o conocimientos de la persona que la hace.

5. **Falacia del coste hundido**: se produce cuando alguien hace una inversión que parece poco rentable y decide que tiene que mantenerla, porque de lo contrario perderá lo que ha gastado hasta el momento.

6. **Argumentum verbosium**: puede ocurrir cuando un argumento es tan complejo, largo o está tan mal presentado que los demás asumen que debe ser cierto, aunque simplemente no lo entienden.

7. **Muestra sesgada**: se puede pensar que una muestra de una población representa a todo el grupo, aunque realmente no sea así.

8. **Causa simple**: podríamos llegar a la conclusión precipitada de que un acontecimiento desencadenó otro, cuando en realidad podría haber múltiples causas que condujeron al resultado.

9. **Post hoc**: esta postura asume que si un suceso sigue a otro, el segundo suceso fue causado por el primero.

10. **Falso dilema**: podríamos tener una situación en la que dos puntos de vista se consideran las únicas opciones disponibles, cuando en realidad hay otras en las que pensar.

Al repasar estos sesgos, quizá puedas entender cómo pueden nublar nuestro juicio a la hora de tomar decisiones de inversión. Podemos sobrestimar fácilmente el valor de una acción o ignorar información relevante que influiría en nuestra decisión. El simple hecho de conocer los sesgos puede ayudarnos a evitarlos. Recuerda investigar a fondo, hacer preguntas (si es a inversores expertos, no sobre su recomendación, sino sobre lo que tienen —o no tienen— en su cartera) y mantener una mente curiosa para tomar decisiones inteligentes.

Negociación de futuros por diferencias y estrategias avanzadas de opciones

A la hora de invertir, no tienes por qué ponerlo todo en el mismo sitio y esperar lo mejor. De hecho, hay varias estrategias que puedes utilizar para gestionar e incluso mitigar el riesgo. Algunas de ellas consisten en lo que se conoce como negociación de diferenciales de futuros y estrategias avanzadas de opciones.

La negociación de diferenciales de futuros consiste en tomar posiciones en dos contratos de futuros simultáneamente, con el objetivo de obtener beneficios de la diferencia de precios entre ambos contratos. Los contratos pueden ser de la misma materia prima, pero con meses de entrega distintos, lo que se conoce como diferencial de calendario. O pueden ser materias primas diferentes pero relacionadas, y esta técnica se denomina diferencial entre materias primas.

Cuando hablamos de estrategias de opciones avanzadas, nos referimos a derivados financieros que dan derecho a comprar o vender un activo a un precio determinado (a menudo denominado precio de ejercicio) dentro de un plazo concreto. Se trata de combinaciones de contratos de opciones, a menudo para protegerse frente a diversas condiciones de mercado. Puede darse una capa de protección y aumentar sus posibilidades de ganar —en lugar de perder— teniendo cierto control sobre el precio y el periodo de tiempo.

Enumero aquí algunos ejemplos de operaciones con diferenciales de futuros y estrategias avanzadas de opciones para darte una idea de lo que podrías hacer. Ten en cuenta que se trata solo de una breve descripción de las estrategias. Debes investigar más antes de ponerlas en práctica. Si no tienes tiempo o conocimientos para hacerlo, busca a alguien que tenga experiencia y pueda ayudarte a tomar este tipo de decisiones.

- ***Bull call spread***: esta estrategia busca una subida moderada del precio del activo subyacente.

- ***Bear put spread***: los inversores buscan beneficiarse de un descenso moderado del precio del activo subyacente.

- **Straddle largo**: los inversores lo utilizan cuando prevén fluctuaciones significativas en el precio de un activo subyacente y no están seguros de cómo se moverá.

- **Short straddle**: los inversores eligen esta estrategia cuando esperan que el precio del activo subyacente se mantenga algo estable durante el plazo establecido para sus opciones.

- **Short strangle**: los inversores venderán una opción de compra (el derecho a comprar a un precio determinado) y una opción de venta (el derecho a vender a un precio determinado) al mismo precio establecido.

Long calendar spreads: también conocida como *horizontal spread* o *time spread*, esta estrategia consiste en comprar y vender opciones del mismo activo subyacente con el mismo precio fijado, pero con diferentes fechas de vencimiento.

- **Cóndor de hierro corto**: consiste en dos opciones de venta (una larga y otra corta), dos de compra (una larga y otra corta) y cuatro precios de ejercicio. Todas tienen la misma fecha de vencimiento.

- **Call backspread**: los inversores comprarán un número mayor de opciones de compra que el número de opciones de compra que se venden, a menudo porque se sienten alcistas pero quieren limitar su riesgo.

- **Put backspread**: esta estrategia consiste en comprar un mayor número de opciones de venta que el número de opciones de venta que se están vendiendo. En este caso, los inversores son bajistas pero, de nuevo, quieren limitar su riesgo.

- **Negociación de opciones de venta protectoras**: los inversores utilizan esta técnica para proteger sus tenencias de acciones mediante la compra de opciones de venta sobre las mismas acciones subyacentes que poseen.

- **Negociación de opciones de compra cubiertas para generar ingresos**: los inversores venden opciones de compra sobre las acciones que poseen y, al mismo tiempo, poseen un número equivalente de acciones de dichas acciones.

Al analizar los sesgos cognitivos, las operaciones con diferenciales futuros y las estrategias avanzadas de opciones, podemos ver lo intrincada que es la inversión. Aunque pueda parecer fácil comprar acciones de una empresa, la realidad es que hay muchas tácticas que se pueden emplear para obtener beneficios y reducir el riesgo a la baja. Al examinar las estrategias que he enumerado, espero que encuentres algunas que puedas poner en práctica. Observa lo que hacen otros inversores a los que admiras y presta atención a cómo actúan. Podrían darte más pistas para aprender y crecer en tu propio camino inversor.

CAPÍTULO 16

El potencial de las inversiones alternativas, de impacto y la *green economy*

Claro que es posible ganar buen dinero con la lotería. Invierte en la empresa que imprime las tarjetas

Hay un dicho común que dice: «Todo lo que hacen los millonarios, deberíamos hacerlo todos». Si ese es el caso, deberíamos prestar atención a las inversiones alternativas. Se trata de inversiones distintas de las acciones, los bonos y el efectivo (por cierto, el peor lugar para guardar los ahorros es una cuenta bancaria). Las inversiones alternativas podrían incluir fondos de cobertura, capital riesgo, capital privado y deuda privada, junto con activos reales como bienes inmuebles, infraestructuras, arte y recursos naturales.

Una ventaja que aportan las inversiones alternativas, como veremos en este capítulo, es que no están fuertemente relacionadas con el rendimiento de las acciones, los bonos y el efectivo (recuerda también que el dinero que no ha invertido pierde su poder adquisitivo debido a la inflación). Esto proporciona una capa de protección, lo que significa que si tiene inversiones en acciones y alternativas, una categoría podría tener malos resultados y la otra buenos, compensando así sus pérdidas. Además, las inversiones alternativas pueden ofrecer otras ventajas. En mi propia investigación y práctica, he descubierto que las inversiones alternativas ofrecen una rentabilidad superior a la media en comparación con otros tipos de inversiones. Para ver cómo funciona esto, exploraremos qué son las inversiones alternativas, algunos de los beneficios que aportan y cómo puedes empezar a invertir en ellas.

Entender las inversiones alternativas

Para hacernos una idea de las oportunidades disponibles, repasaremos algunos de los tipos más comunes de inversiones alternativas. Debido a las tendencias relacionadas con la tokenización y las finanzas descentralizadas, que analizaremos más a fondo en los próximos capítulos, invertir fuera de los mercados de acciones y bonos es cada vez más habitual. Estos avances también están creando más oportunidades y un mayor acceso para los inversores. A medida que leas estas descripciones, piensa en cómo podrías iniciarte en este espacio.

Fondos de cobertura

Los fondos de cobertura o *hedge funds* suelen reunir los recursos de inversores acreditados y utilizarlos para realizar inversiones. Un inversor acreditado, al menos en el momento de escribir este libro, es alguien con un patrimonio neto de al menos un millón de dólares, excluida su residencia principal. También podría ser una persona que ha ganado $ 200 000 (o $ 300 000 para las parejas) durante los dos últimos años con una expectativa razonable de ganar lo mismo en el año en curso.

Estos fondos suelen inmovilizar el dinero de los inversores durante largos periodos de tiempo para poder establecer una estrategia de inversión y llevarla a cabo. Su rentabilidad es muy variable, ya que pueden dar lugar a pequeñas ganancias, grandes ganancias, pequeñas pérdidas o grandes pérdidas. No necesitan revelar sus actividades al público y funcionan como sociedades privadas. Pueden invertir en mercados públicos, a favor y en contra de empresas, y en rendimientos relativos[190].

Esta opción de inversión es más conocida por el uso de las siguientes técnicas:

- **Estrategia *long-short***: consiste en comprar un valor y vender otro similar, generando rendimientos no basados en la evolución global del mercado, sino en la evolución relativa de esos dos valores.

- **Derivados**: son contratos para comprar o vender un valor a un precio determinado[191].

Capital riesgo

El capital riesgo consiste en aportar capital a empresas fuera de los mercados públicos. Un inversor puede invertir directamente en una empresa o indirectamente a través de un fondo de capital riesgo. Tradicionalmente, el capital riesgo/inversión solo ha estado al alcance de instituciones y particulares con grandes patrimonios, debido al elevado importe que hay que invertir y al periodo de tenencia.

---

[190] Harvard Business School Online: *Alternative Investments.* https://online.hbs.edu/courses/alternative-investments/

[191] Harvard Business School Online: *Alternative Investments.* https://online.hbs.edu/courses/alternative-investments/

Las empresas de capital riesgo se denominan socios generales (GP) y captan capital de inversión de los socios comanditarios (LP) durante una fase de financiación. A continuación, distribuyen el efectivo a los LP durante un periodo de cosecha. Este periodo suele durar cinco años, con una vida total del fondo de diez años. La renta variable privada carece de liquidez, ya que no es fácil vender o canjear su inversión por efectivo hasta el cierre del fondo[192].

Las tres palancas utilizadas para aumentar el valor del capital son:

- Expansión del múltiplo.

- Crecimiento del EBITDA.

- Generación de tesorería (reducción de la deuda neta)[193].

La rentabilidad del capital riesgo podría ser superior a la de los mercados públicos, pero también hay incertidumbres en juego y los inversores tendrán que investigar a fondo la empresa para determinar su valor actual y futuro.

Deuda privada

La deuda privada suele referirse a préstamos que se ponen a disposición de empresas con ingresos inferiores a 100 millones de dólares. Para los inversores institucionales, esta opción suele ser atractiva, ya que puede reportar mayores beneficios que los mercados públicos. Sin embargo, puede llevar tiempo encontrar operaciones y la diligencia debida requerida suele ser un proceso largo y complejo.

---

[192] Harvard Business School Online: *Alternative Investments*. https://online.hbs.edu/courses/alternative-investments/

[193] Harvard Business School Online: *Alternative Investments*. https://online.hbs.edu/courses/alternative-investments/

Bienes inmuebles

Puede ser clasificada como residencial, que suele referirse a la compra de una vivienda unifamiliar, o como comercial, que podría abarcar desde un edificio plurifamiliar hasta un apartamento o una oficina, comercio minorista o propiedad industrial. La inversión inmobiliaria puede llevarse a cabo de muchas maneras, entre las que se incluyen el estilo básico, el de valor añadido o el oportunista. Una inversión *core* suele tener menor riesgo y genera un rendimiento basado en los ingresos de los inquilinos. Una plusvalía tiene mayor riesgo, pero su objetivo es realizar cambios en la propiedad para aumentar su precio. El oportunista tiene el mayor riesgo, pero también podría tener mayores rendimientos si se alinean las condiciones del mercado. Suele implicar la compra de terrenos y su desarrollo, la supervisión del proceso desde la construcción hasta la finalización y, a continuación, el alquiler o la venta de los mismos.

Infraestructura

Los inversores pueden optar por destinar sus fondos al desarrollo de recursos para una comunidad, como un hospital, una universidad, una línea de transporte, un proyecto de telecomunicaciones o servicios públicos como una instalación de tratamiento de aguas. Estas inversiones suelen ser de bajo riesgo y proporcionan un flujo de caja constante. Sin embargo, los inversores suelen necesitar fondos sustanciales para participar.

Arte

Los inversores suelen considerar el arte como un depósito de valor, lo que significa que puede conservarse e intercambiarse en el futuro sin que disminuya mucho su valor. Estas inversiones suelen ser a largo plazo y pueden revalorizarse con el tiempo. Otra ventaja para los inversores es que pueden disfrutar de la obra de arte si deciden exponerla en su casa o en otro lugar donde pueda verse fácilmente. Un ejemplo de ello puede verse en fidelitasArte.com.

Recursos naturales

Esta clase de activos abarca todo lo que se extrae o recolecta en bruto. Pueden ser renovables o no renovables y suelen dividirse en cinco categorías: energía (incluidos petróleo y gas), agricultura y tierras de cultivo, metales y minería, bosques y agua.

Los recursos naturales suelen considerarse un depósito de valor, y su demanda suele aumentar a medida que una economía se expande y aumentan los ingresos. El oro suele ser uno de los protagonistas de esta categoría, dado que podemos invertir en acciones mineras, ETF, lingotes físicos, opciones y futuros, y por ser relativamente estable y un escudo contra la inflación (aunque puede requerir almacenamiento y no proporciona ingresos pasivos).

Una tendencia creciente

Aunque las personas adineradas tienden a invertir parte de sus carteras en acciones y bonos, hay mucho más. Como podemos ver en el siguiente gráfico, los particulares con patrimonios elevados, que son los que tienen más de un millón de dólares en activos, están prestando atención a las inversiones alternativas. Los individuos considerados de patrimonio muy alto o ultraalto (aquellos con más de 5 y 30 millones de dólares, respectivamente), invierten aún más en alternativas.

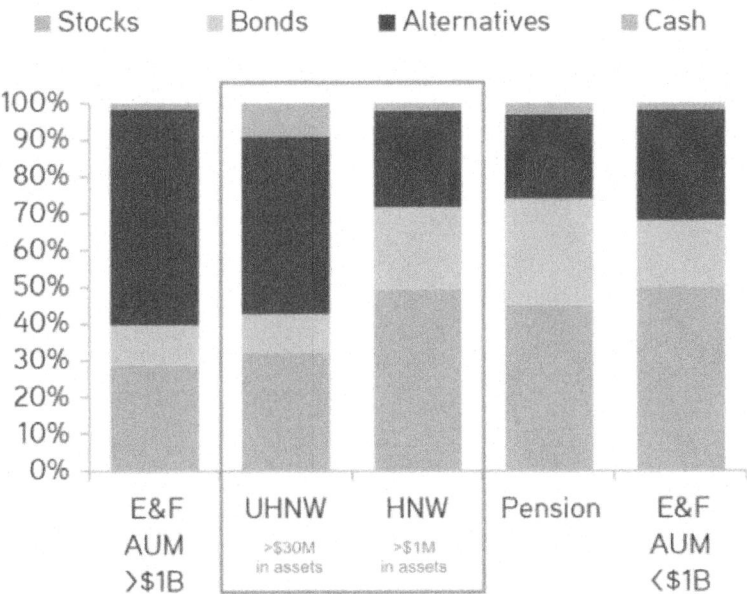

Data as at December 31, 2020. Source: KKR 2020 HNW Survey, BNY Mellon Endowments and Foundations Performance and Asset Allocation Study 2020, Towers Watson Global Pensions Asset Study 2020, HNW represents the averages of published target asset allocation recommendations for a moderate portfolio from investment management divisions of leading investment banks. KKR Global Macro & Asset Allocation analysis.

En general, existe un interés creciente por las inversiones alternativas. Entre 2003 y 2018, el tamaño del mercado mundial de inversiones se duplicó y, durante el mismo periodo, las inversiones alternativas casi se triplicaron, según la Asociación de Analistas Colegiados de Inversiones Alternativas (CAIA). El 12 % de las inversiones mundiales realizadas durante ese tiempo se destinó a inversiones alternativas[194].

Según un informe de Ernst & Young de 2024, las inversiones alternativas están siendo adoptadas por los inversores con grandes patrimonios debido a su rentabilidad superior y recurrente, con un 32 % en la actualidad y un 48 % previsto para finales de 2024. Pero aún más llamativos son los porcentajes de particulares con un patrimonio neto

---

194 *Tokenisation of Alternative Investments*. 2021. CAIA. Org.

muy elevado (VHNWI), aquellos con un patrimonio neto de al menos 5 millones de dólares, y de particulares con un patrimonio neto ultra elevado (UHNWI), con activos invertibles de al menos 30 millones de dólares. Con un 55 % y un 81 % de inversiones alternativas actuales y un 68 % y un 85 % de inversiones alternativas previstas, ¿no te parece significativo que los que más dinero tienen tengan esos porcentajes?

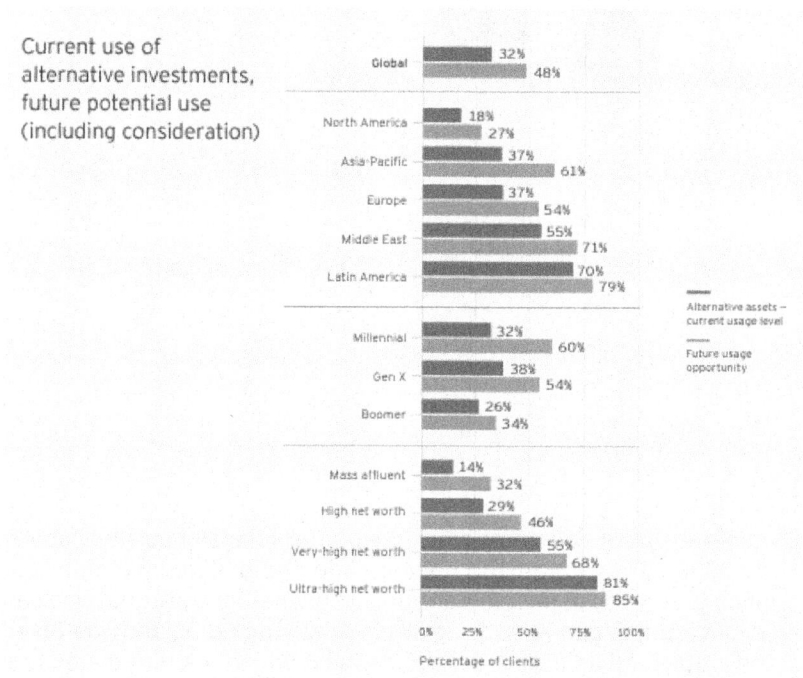

Como podemos ver en el siguiente gráfico de yieldstreet.com, los mercados privados tienen un historial de obtención de rendimientos muy superiores a los de las acciones durante los últimos quince años.

Private markets have historically outperformed stocks in every downturn of the past 15 years

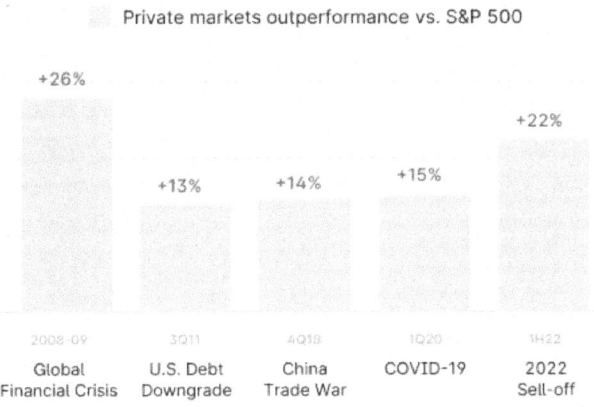

De hecho, la cartera media de los grandes patrimonios tiene hoy alrededor de un 25 % asignado a inversiones alternativas, y estas mismas inversiones proporcionan casi el 50 % de los rendimientos.

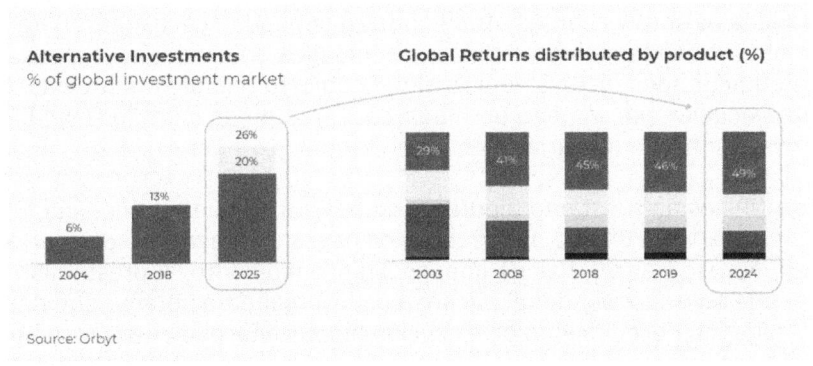

Fuente: orbyn.com–Alternative minds invest alike

Ahora puedes imaginarte cómo algunos de los mejores inversores del mundo han obtenido una rentabilidad media anual, después de comisiones, superior al 30 % durante más de 30 años.

The World's Top Investors

Investor, Key Fund/Vehicle	Period	Average Annual Returns After Fees
Jim Simons, Medallion	1988-2018	39%
George Soros, Quantum	1969-2000	32%
Steven Cohen, SAC	1992-2003	30%
Peter Lynch, Magellan	1977-1990	29%
Warren Buffett, Berkshire Hathaway	1965-2018	21%
Ray Dalio, Pure Alpha	1991-2018	12%

Source: The Wall Street Journal — www.libertythroughwealth.com

El atractivo de la deuda en dificultades

Hay un área de la inversión inmobiliaria que ha crecido en los últimos años, y que trataremos aquí. Conocida como deuda en dificultades, la idea es aprovechar las propiedades que puedan necesitar reparaciones o que tengan préstamos con impagos. La inversión en deuda en dificultades incluye ventas al descubierto o subastas previas a la ejecución por impago de hipotecas, préstamos morosos (NPL) e inversiones inmobiliarias.

Un NPL es un préstamo hipotecario en mora, lo que significa que el prestatario ha dejado de efectuar los pagos. Un pagaré se convierte en moroso tras 90 días de impago. En ese momento, el prestamista puede optar por vender el pagaré a un inversor para obtener liquidez y evitar el procedimiento de ejecución hipotecaria, que puede resultar costoso. Los inversores pueden comprar estos pagarés porque suelen venderse con descuento. Así, un pagaré de $ 200 000 podría venderse por $ 20 000. Si un inversor puede recuperar los $ 20 000 y recibir más de los préstamos, se recuperan las pérdidas, y cualquier cantidad adicional ingresada será ganancia. Además, dado que el inversor se convierte en el prestamista cuando compra el pagaré, podría acabar ejecutando la hipoteca de la propiedad. Cualquier procedimiento derivado de una ejecución hipotecaria también podría aumentar las ganancias. Si se pagan $ 20 000 y luego se produce una ejecución hipotecaria por $ 150 000, el inversor puede quedarse con la diferencia (aunque también debe tener en cuenta los costes del procedimiento de ejecución hipotecaria)[195].

Las REO se refieren a propiedades que pertenecen a un prestamista. Si el propietario de una vivienda hipotecada incumple el pago, el banco suele recuperar la propiedad para intentar venderla mediante, por ejemplo, una subasta de ejecución hipotecaria. Pero si el prestamista no puede vender la propiedad por una cantidad que sea suficiente para cubrir el préstamo, tomará posesión de ella y tratará entonces de venderla a través de un agente inmobiliario o de un anuncio en internet. Las REO suelen venderse con un gran descuento, aunque pueden necesitar muchas reparaciones[196].

En épocas de tipos de interés e inflación elevados, a los prestatarios puede resultarles difícil hacer frente al pago de sus deudas. Especialmente los propietarios de viviendas pueden tener dificultades pagar su hipoteca cada mes, lo que puede provocar un aumento de los impagos y las ejecuciones hipotecarias, creando un efecto dominó en toda la economía. Podría haber menos estabilidad, aumento de los precios y restricciones más estrictas para obtener financiación.

Debido a factores como el COVID-19, la deuda nacional y los mayores periodos de inflación, se ha producido un aumento del número de ejecuciones hipotecarias en EE. UU. En enero de 2023, la tasa de morosidad de los préstamos FHA, que son préstamos asegurados por la Administración Federal de la Vivienda, era de casi el 5 %, y creció durante el resto del año. A finales de 2023, más de uno de cada veinte préstamos de la FHA se encontraba en situación de dificultad,

---

[195] Garner, David. *Non Performing Notes: The Ultimate Guide.* September 3, 2021. Garnaco. https://garnaco.net/blog/2021/09/03/non-performing-notes/

[196] Chen, James. *Real Estate Owned (REO) Definition, Advantages, and Disadvantages.* December 16, 2020. Investopedia. https://www.investopedia.com/terms/r/realestateowned.asp

y los pagos se habían retrasado 90 días o más, o las propiedades se encontraban en proceso de ejecución hipotecaria[197].

Cuando esto ocurre, también hay oportunidades para que los inversores entren y hagan compras. Sus inversiones pueden ayudar a reactivar la economía, ya que ponen capital en el mercado y ayudan a que los valores aumenten. Para mí, esto coincide con mi pasión por causar un buen impacto y ofrecer oportunidades a los demás. Además, invertir en deuda en dificultades puede ayudar a diversificar una cartera. Las inversiones inmobiliarias, al igual que la deuda privada y los préstamos relacionados, tienen una baja correlación con las acciones y los bonos. Los precios de los inmuebles dependen de muchos factores locales, como la oferta y la demanda, y la economía y el mercado laboral de la comunidad. Así pues, si has comprado acciones, la compra de inmuebles podría ayudarte a reducir el riesgo, ya que el rendimiento de los inmuebles puede no coincidir con el de las acciones.

Establecer una estrategia alternativa

Cuando un inversor se me acerca y me pregunta en cuántas empresas y acciones sugiero invertir, le respondo: «Un máximo de tres empresas y de tres a nueve acciones». Es importante tener una filosofía de inversión. La mía, como ya he mencionado, es tener pocas inversiones, ser capaz de añadir valor y seguirlas, seleccionando aquellas que puedan tener un impacto social positivo, idealmente transgeneracional.

Aprender psicología es fundamental, sea cual sea tu filosofía empresarial o de inversión, ya que tomamos decisiones emocionalmente y luego las justificamos racionalmente. A veces, la realidad subjetiva puede transformar la realidad objetiva. Por ejemplo, cuando un número suficientemente grande de inversores interpreta que el valor de las acciones de una determinada empresa va a subir o bajar, se produce una profecía autocumplida. Esto se puede ver en Gamestop,

---

[197] Amaya, Louis. *Debt as Diversification: Non-Performing Loans (NPLs) and Real Estate Owned (REO) Assets as Alternative Asset Anchors*. March 16, 2023. https://www.linkedin.com/pulse/debt-diversification-non-performing-loans-npls-real-estate-amaya/

cuyo valor pasó de 2000 millones de dólares a más de 24 000 millones en solo unos días[198].

He aquí una fórmula que me gusta utilizar para recordar a la gente que incluso con el mejor análisis fundamental, el momento oportuno, el talento y el esfuerzo, que tiene un impacto exponencial, la suerte también juega un papel en los resultados finales:

Resultados = f ((talento ^ esfuerzo) x suerte)

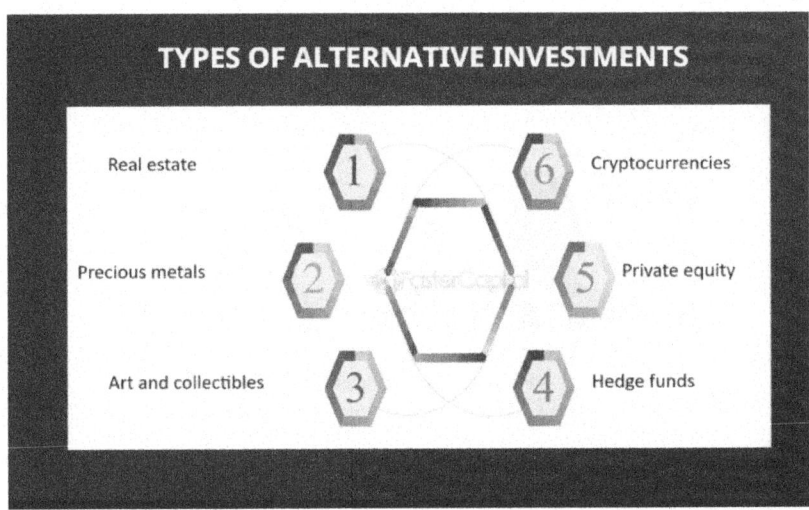

Sin embargo, invertir en empresas y valores para marcar la diferencia también debe proporcionar un rendimiento, porque de lo contrario no se dispondrá de fondos para seguir invirtiendo y ayudando.

Según Preqin, se prevé que las inversiones alternativas crezcan hasta los 24,5 billones de dólares en activos bajo gestión para 2028, lo que equivale a una tasa de crecimiento constante del 8,4 % desde 2022, lideradas por el capital riesgo con un crecimiento interanual previsto del 14,2 %[199].

---

198 *The Story of GameStop*. Duke University. https://people.duke.edu/~jc910/HW %201

199 https://www.fundssociety.com/es/noticias/alternativos/por-que-los-activos-al-

Cabe esperar, consecuentemente, que aumente el interés por las inversiones alternativas. Esto se debe tanto a los mayores rendimientos que ofrecen como a las tecnologías que están facilitando la inversión en este tipo de activos.

Aunque tradicionalmente solo los particulares con grandes patrimonios y las instituciones podían participar en inversiones alternativas, ahora hay formas de que más personas puedan hacerlo, especialmente de la generación X y *millennials*. Gran parte de esto tiene que ver con blockchain y la tokenización, que estudiaremos a continuación.

Mientras tanto, te dejo una pregunta sobre la que reflexionar: ¿cuál es la principal virtud de un inversor alternativo? La respuesta es «paciencia». La falta de ella solo beneficia a su bróker.

Inversiones de impacto

No quiero terminar este capítulo sin mencionar una de mis inversiones favoritas: la inversión de impacto.

Es una forma de invertir que busca ganancias financieras y al mismo tiempo tener un impacto positivo en la sociedad o el medioambiente. Incluye varias inversiones, como acciones, bonos, fondos de inversión

---

ternativos-ascenderan-a-245-billones-de-dolares-en-2028/

o préstamos pequeños. Hay dos formas de invertir con impacto: la inversión socialmente responsable (SRI) y la inversión ambiental, social y de gobernanza (ESG).

Las inversiones de impacto son principalmente realizadas por grandes inversionistas, como fondos de inversión, fundaciones, bancos, fondos de jubilación y otros administradores de fondos. No obstante, también hay plataformas de inversión online y clubs de inversores que permiten a la gente unirse.

Las inversiones de impacto abarcan áreas como la salud, la educación, la energía, la agricultura, el medioambiente, lo social y la gobernanza (ESG). Los inversores que se centran en aspectos ambientales, sociales y de gobernanza buscan empresas que tengan una buena ética en su gestión, que se preocupen por el bienestar de sus empleados, y que se esfuercen por lograr impactos positivos en el medioambiente y por tener prácticas comerciales sostenibles.

La inversión socialmente responsable (SRI) es cuando se eligen o excluyen inversiones basadas en principios éticos específicos. Los inversores socialmente responsables podemos elegir no invertir en compañías que fabrican o venden alcohol, tabaco o armas de fuego. Nos enfocamos en prevenir daños y buscamos un impacto positivo con nuestras inversiones.

La inversión de impacto resulta atractiva porque equilibra el comercio y la compasión. También ofrece una amplia gama de opciones, como se muestra en el siguiente diagrama. Algunas estrategias hacen hincapié en el rendimiento financiero sin dejar de buscar el beneficio de la sociedad. Otros enfoques priorizan el impacto social y aceptan rendimientos que varían desde tasas inferiores a las del mercado hasta un simple reembolso del capital.

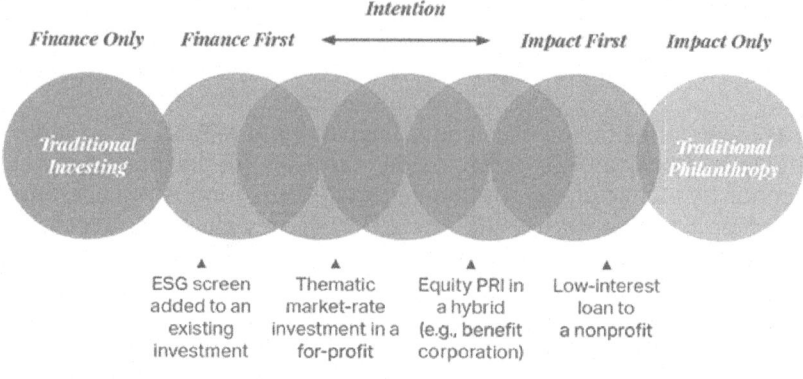

Otro cuadro que describe gráficamente la inversión de impacto es este, de Phenix Capital, en el que podemos diferenciar los tipos de inversiones y cómo se distribuyen:

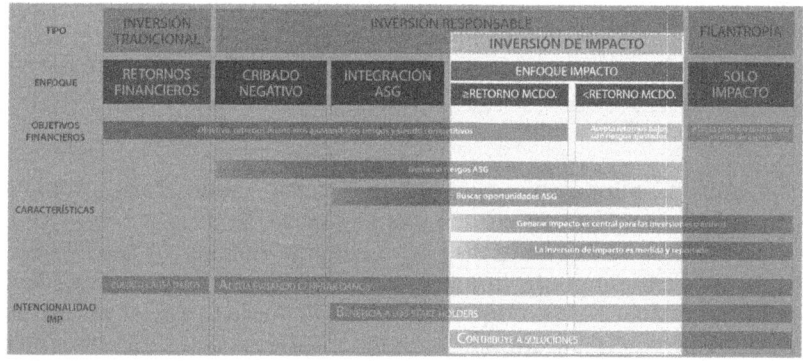

En el lado derecho encontramos la filantropía tradicional, que busca generar únicamente un impacto social y medioambiental sin esperar una rentabilidad, un acompañamiento ni gestión de los fondos.

Como contraparte, a la izquierda, tenemos la inversión tradicional, basada en la búsqueda del retorno financiero exclusivamente, sin tener en cuenta el impacto.

En el centro encontramos las diferentes estrategias de inversión responsable, donde la inversión de impacto se centra en abordar los desafíos sociales, generando a su vez rendimientos financieros (igual o por debajo del mercado dependiendo de la estrategia de inversión).

En definitiva, la inversión de impacto atrae mucho a los jóvenes, como los *millennials* y la generación Z, y a todos aquellos que deseamos contribuir a la sociedad. Además, un estudio hecho por la Red de Inversiones de Impacto Global descubrió que la mayoría de los inversionistas de impacto, más del 88 %, dijeron que sus inversiones estaban cumpliendo o superando sus expectativas económicas200.

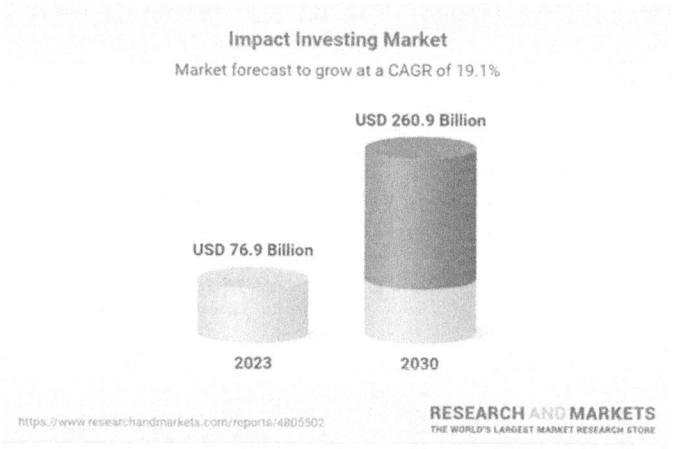

La nueva *green economy*

El crecimiento de las inversiones alternativas y de impacto ha encontrado un terreno fértil en el ámbito de la *green economy*, un sector que está siendo transformado por la urgencia de enfrentar el cambio climático. Los acuerdos internacionales, como el Acuerdo de París, han establecido compromisos firmes para reducir las emisiones de carbono y limitar el calentamiento global, impulsando la necesidad

---

200 https://thegiin.org/publication/research/impinv-survey-2020/

de financiamiento para proyectos sostenibles. Como resultado, los inversores están viendo la sostenibilidad ambiental no solo como una responsabilidad social, sino como una oportunidad de generar retornos financieros mientras se alinean con objetivos globales de preservación del medioambiente.

La inversión en energías renovables, proyectos de economía circular y soluciones tecnológicas para la mitigación del cambio climático está en auge, impulsado por la creciente demanda de mercados y regulaciones que fomentan la transición hacia un modelo económico más limpio. Además, las empresas y los gobiernos están explorando nuevas formas de financiamiento, como la emisión de bonos verdes y la tokenización de créditos de carbono, lo que abre puertas a inversores que buscan tanto rentabilidad como un impacto positivo en el planeta. La convergencia de la innovación financiera con los objetivos climáticos globales de gobiernos, empresas y consumidores, que «votan con su bolsillo», está redefiniendo la economía. Las inversiones relacionadas con el cambio climático ya se posicionan como una de las áreas más relevantes y estratégicas del siglo XXI.

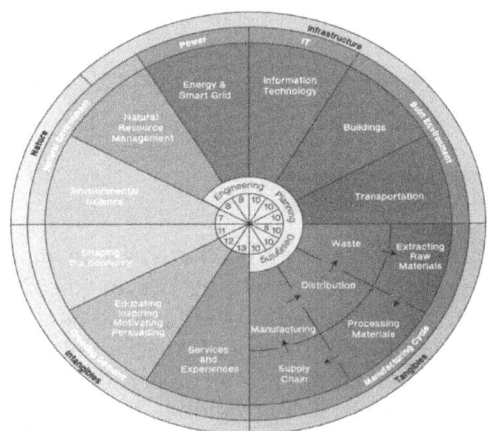

Green Economy Map
Industries and Sectors within the Green Economy

CAPÍTULO 17

Invertir en RWA a través de la tokenización

¿Tienes alguna otra garantía... además de este e-mail de un príncipe nigeriano?

A medida que avanzas en tu viaje de inversión, presta especial atención al ecosistema web 3.0 y a la tokenización, que se refiere al proceso de emitir una representación digital de un activo.

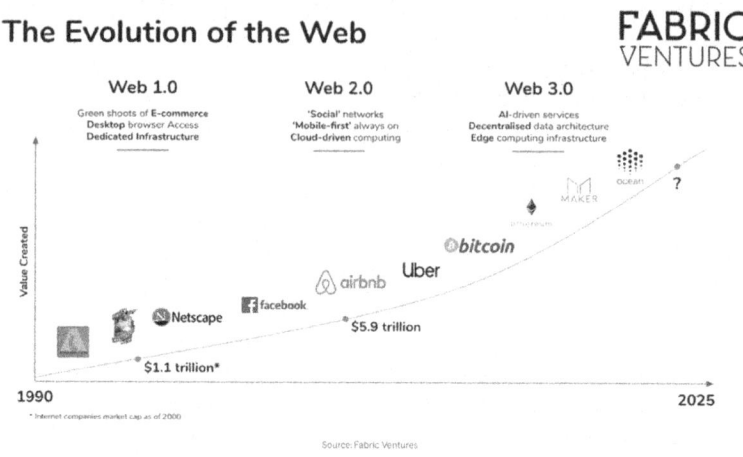

Con el apoyo de la tecnología blockchain, la tokenización está cambiando nuestro mundo. Está revolucionando nuestra forma de vivir, trabajar e interactuar. Ofrece transparencia, seguridad y eficiencia en nuestro universo cada vez más digital. Desde las finanzas hasta el sector inmobiliario, pasando por la sanidad y el entretenimiento, la tokenización ofrece un campo más inclusivo y accesible en el que todos pueden jugar.

Debido a su creciente relevancia, dedicaremos algún tiempo a analizar cómo la tecnología que subyace en la tokenización está alterando los modelos tradicionales. También analizaremos los sectores que la utilizan y las oportunidades que crea, especialmente para invertir en activos del mundo real (RWA). Aunque la regulación siempre forma parte del desarrollo de la tecnología, podemos esperar ver más tokenización, así como oportunidades para invertir en ella, en los próximos años.

Al leer las siguientes secciones, ten en cuenta que ahora es el mejor momento para aprender sobre la tokenización. Cada vez más personas buscan el término en internet, como indica Google. El siguiente gráfico muestra el creciente interés por la tokenización:

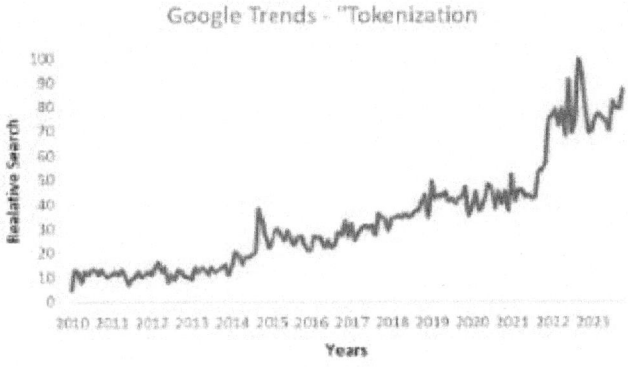

La revolución tecnológica

Empecemos por lo básico. La tokenización es el proceso de emitir una representación digital de un activo en una cadena de bloques, que es una base de datos digital o un libro de contabilidad distribuido entre los nodos de una red entre iguales.

Blockchain se está abriendo camino en una plétora de industrias, en las que está cambiando el *statu quo*. Se espera que el mercado mundial de contratos inteligentes, que son programas que se ejecutan automáticamente cuando se cumplen unas condiciones predeterminadas, crezca a una tasa anual compuesta del 82,2 % entre 2023 y 2030[201].

---

201 Pawlan, David. *Blockchain in FinTech: Exploring Industry Insights 2024*. Aloa Blog. https://aloa.co/blog/blockchain-in-fintech

Blockchain mejora la trazabilidad y la autenticidad en la fabricación, la agricultura y la gestión de la cadena de suministro, garantizando la seguridad alimentaria y reduciendo el fraude. En la sanidad, proporciona registros seguros de los pacientes, y en la educación facilita el almacenamiento seguro y la verificación de las credenciales académicas. En el sector inmobiliario, ofrece un registro digital de propiedades. Los medios de comunicación y las industrias del entretenimiento aprovechan blockchain para pagos justos de derechos de autor, ayudando a los artistas a ser compensados de manera oportuna. Empresas de comercio electrónico como Amazon, Alibaba, Nestlé y Walmart utilizan la tecnología blockchain para mejorar la transparencia en todos sus procesos. La industria energética también se beneficia del enfoque descentralizado de blockchain, ya que la tecnología rastrea claramente la producción y el consumo. El sector legal utiliza blockchain para registros seguros y verificables, lo que ayuda a proteger la propiedad intelectual.

Además, blockchain tiene un potencial transformador en la política y la gobernanza. Proporciona sistemas de votación transparentes, ya que retrata con precisión las voces de la gente. Puede registrar las donaciones y los gastos de campaña en un libro de contabilidad público, lo que reduce el riesgo de corrupción.

Latinoamérica, el gigante dormido

Si bien las estadísticas en Latinoamérica son escalofriantes en cuanto a educación financiera y bancarización de su población (90 % de las personas carece de conocimientos financieros, los ahorradores quieren invertir pero el 80 % no sabe cómo, el 70 % de la población está subbancarizada y el 50 % desbancarizada, etc.), países como Argentina, México o Colombia lideran posiciones globales en términos de carteras digitales per cápita y un conocimiento muy por encima de la media en cuanto a blockchain y finanzas descentralizadas.

Según la firma CoinWire, los brasileños, a su vez, invierten una media de $ 137 al mes en criptomonedas, lo que significa un 32,70 % de sus ingresos mensuales. Buena parte del incremento del *trading* de criptomonedas en el país tiene que ver con un entorno regulatorio favorable. Estas cifras convierten a Brasil en líder de la actividad cripto en América Latina en 2024. Según CoinWire, el *trading* de criptomonedas superará los $ 354 000 millones este año en Brasil, y, en total, la inversión de criptomonedas en Latam, alcanzará los $ 7,8 billones, triplicando la cifra de 2022.

Otro país con una trayectoria muy interesante es Chile. Según las estimaciones de CoinWire, se posiciona como el segundo país de la región en términos de inversión de criptomonedas. El volumen de *trading* de criptomonedas en Chile supera los $ 105 000 millones en 2024. CoinWire estima que los chilenos invertirán una media de $ 447 mensuales en criptomonedas, una cantidad importante teniendo en cuenta que representa más del 65 % de sus ingresos mensuales[202].

Oportunidades a través de la tokenización

La tokenización aporta muchas ventajas nuevas, y los inversores pueden beneficiarse de ellas de diversas maneras. Ahora, más personas que nunca pueden realizar inversiones que antes no les habrían sido posibles. Me apasionan las oportunidades y el impacto social positivo que esta tecnología está creando para las sociedades.

Algunas de las oportunidades que ofrece la tokenización son:

- **Mayor acceso a los activos**: la tokenización elimina las barreras tradicionales, lo que permite a los inversores más pequeños participar en un espacio que antes solo ocupaban los grandes actores.

- **Mayor liquidez**: los activos tokenizados pueden venderse fácilmente, lo que da más flexibilidad a los compradores.

- **Los mercados operan 24 horas al día**: esta es una característica muy atractiva para un público global.

---

[202] https://observatorioblockchain.com/criptomonedas/los-brasilenos-invierten-en-criptomonedas-el-33-de-sus-ingresos-mensuales/

- **Transparencia y seguridad**: la tecnología blockchain registra todas las transacciones de forma transparente e inalterable. Esto aumenta la seguridad y la confianza.

- **Mercados globales**: la tokenización permite a inversores de cualquier país del mundo comprar tókenes de activos ubicados en diferentes regiones.

- **Diversificación de carteras**: los inversores tienen más alternativas para diversificar sus carteras con activos tokenizados.

- **Incentivos y recompensas**: los tókenes pueden utilizarse como parte de un programa de recompensas, fomentando la lealtad y el compromiso.

- **Alternativas a la financiación tradicional**: la tokenización ofrece una opción diferente a un préstamo bancario o al capital riesgo. Las empresas, especialmente las pequeñas y medianas, pueden obtener capital rápidamente sin pasar por los procesos de financiación tradicionales.

- **Nuevos modelos de negocio**: las economías basadas en tókenes permiten recompensar a los usuarios por contribuir con la plataforma o el ecosistema.

- **Participación de la comunidad**: los tókenes permiten a grupos de personas participar en el desarrollo y el éxito de un proyecto.

Tokenización y activos del mundo real

Debido a su formato democrático y su configuración segura, la tokenización ya se está aplicando a todo tipo de activos. Esto incluye activos del mundo real. Si estás pensando en invertir en bienes tokenizados, puede ser útil saber lo que está sucediendo actualmente en este ámbito.

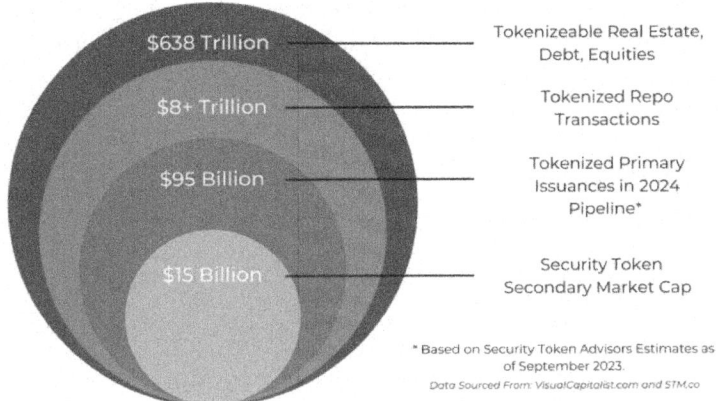

He aquí algunos de los activos del mundo real que se están tokenizando:

- **Arte y colecciones**: la tokenización de obras de arte y objetos de colección permite a artistas y coleccionistas garantizar la autenticidad y hacer un seguimiento del historial de propiedad. Esto simplifica el proceso de compra y venta, además de crear oportunidades de propiedad parcial de obras de arte caras. Con ello, la inversión en arte es ahora más accesible.

- **Materias primas**: el oro, el petróleo y los productos agrícolas se están tokenizando, lo que agiliza los procesos de negociación e inversión. HSBC, uno de los mayores bancos del mundo, con más de 3 billones de dólares en activos gestionados, ha tokenizado oro. Visa ha anunciado la tokenización de productos agrícolas. También hay casos curiosos como la tokenización de escasas botellas de vino o barriles de *whisky*. Entre estos, no obstante, el que suele suscitar mayor interés es el oro. Los actores principales en el mercado del oro tokenizado son Paxos y Tether. Paxos ofrece la opción de redimir tókenes en oro físico, mientras que Tether ha lanzado su propio token de oro, XAUT, que ha experimentado un incremento significativo desde su introducción. La cantidad de oro tokenizado ha pasado de 100 millones en 2022 a unos 900 millones de dólares en 2024, que aunque corresponde a menos del 0,10 % del valor total del mercado del oro ($ 12 billones), supone un incremento significativo (x 9) en menos de dos años.

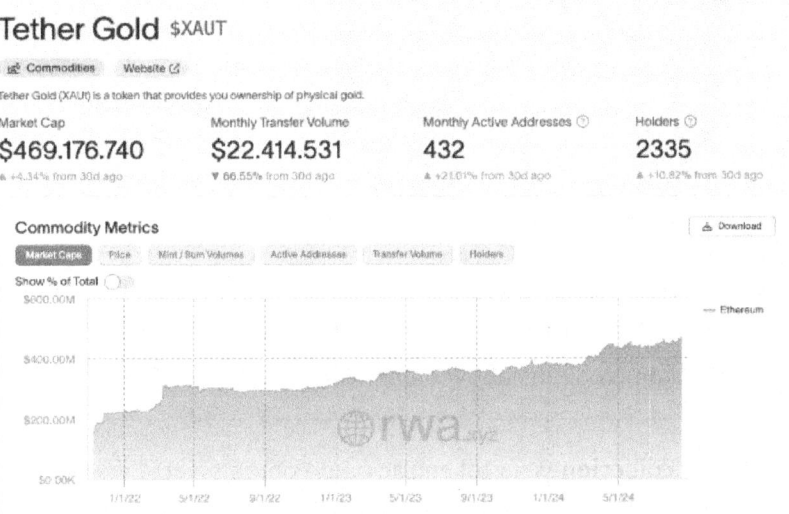

- **Infraestructuras y proyectos públicos**: la tokenización se está aplicando a la financiación de infraestructuras y proyectos públicos, como nuevas centrales eléctricas y sistemas de transporte colectivo. Esto permite, a las comunidades, recaudar fondos de manera más eficiente, y a los miembros de la comunidad, participar en un proyecto que les beneficia directamente.

- **Propiedad intelectual**: patentes, marcas y derechos de autor pueden tokenizarse, lo que facilita su gestión y monetización. Los creadores y las empresas pueden obtener financiación vendiendo una parte de sus derechos de propiedad intelectual, al tiempo que conservan cierto control sobre sus invenciones.

- **Créditos de carbono y activos medioambientales**: la tokenización se está utilizando para comerciar con créditos de carbono y otros activos medioambientales. Esto incentiva la inversión en proyectos beneficiosos para el medioambiente y contribuyen con la sostenibilidad.

- **Productos de lujo y coleccionables**: los artículos de gran valor, como relojes, coches y coleccionables raros, se están tokenizando. Esto los hace accesibles a un público más amplio y crea una nueva vía de inversión.

- **Deportes y entretenimiento**: los aficionados pueden comprar fichas que representan una participación en un equipo deportivo, derechos musicales o proyectos cinematográficos, lo que les permite participar y beneficiarse del éxito de sus equipos o artistas favoritos. Estas fichas pueden estar respaldadas por actividades reales, como conciertos, o derechos de imagen de artistas o deportistas. Pueden ofrecer ventajas únicas a los poseedores de tókenes, como el acceso a material prémium o la participación en la toma de decisiones del equipo. La NBA ha monetizado esta nueva era digital a través de tókenes no fungibles o NFT, generando más de 230 millones de dólares en ingresos hasta la fecha. Además, desarrolladores de juegos de todo el mundo están preparando sus propios proyectos y soluciones de tokenización. Se espera una adopción masiva de GameFi en los próximos años.

- **Instrumentos financieros**: bonos, acciones y otros instrumentos financieros se están tokenizando para mejorar la liquidez y la eficiencia del mercado. La tokenización en este ámbito simplifica el proceso de compra, venta y transferencia de valores, haciendo que los mercados financieros sean más accesibles a una amplia gama de inversores. También reduce el tiempo y el coste asociados a las transacciones tradicionales de valores.

- **Deuda y préstamos**: al emitir tókenes que representan deuda, los prestatarios pueden acceder a un grupo más amplio de inversores, mientras que los prestamistas pueden intercambiarlos, aumentando así la liquidez en este nuevo mercado digital de préstamos.

- **Bienes inmuebles**: gracias a la tokenización, un abanico más amplio de inversores puede participar en los mercados inmobiliarios mundiales, diversificando sus carteras sin necesidad de un capital sustancial y pudiendo liquidar su inversión en cualquier momento. Mientras empresas como RealT o Reental siguen añadiendo nuevas propiedades residenciales a su oferta tokenizada, otras como Nash21 están convirtiendo los contratos de alquiler en activos digitales útiles. Firmas como Figure Technologies están trabajando con Goldman Sachs, J. P. Morgan y Jefferies Financial Group en una oferta pública de acciones (OPV) para una nueva iniciativa digital basada en blockchain para originar nuevas líneas de crédito colateralizadas con activos inmobiliarios, también conocidas como líneas de crédito con garantía hipotecaria (HELOC).

Para ver el desglose de los tókenes de seguridad por industria, considera el siguiente gráfico:

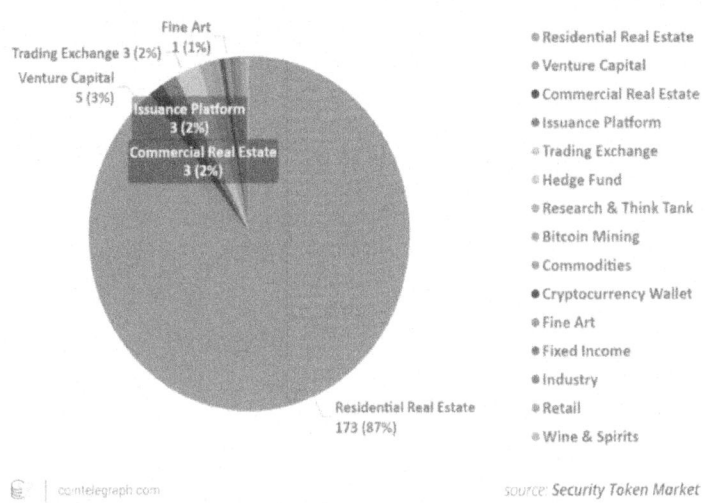

Algunas de las ventajas notables que aporta la tokenización son las que se destacan en el siguiente gráfico:

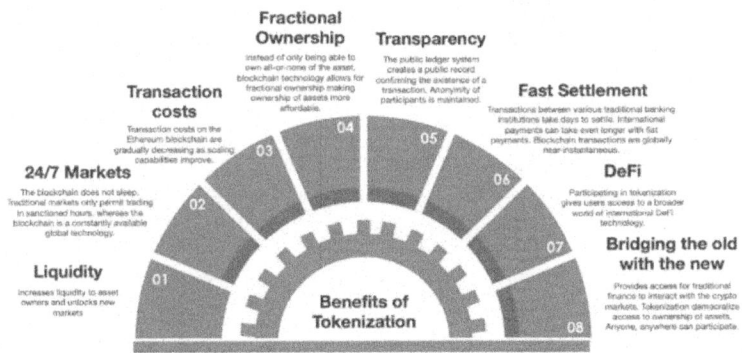

El poder de invertir en activos tokenizados

Una de las mayores motivaciones para mí en el mundo de la tokenización es que está creando acceso a nuevos inversores que antes no podían entrar en el mercado debido a las altas barreras de entrada. Con los activos tokenizados, los inversores pueden invertir cantidades más pequeñas, y también pueden tener más liquidez que antes.

Esto significa que un profesional de ingresos medios podría colocar una parte de sus ganancias en activos tokenizados, y esta cifra podría ser tan baja como cientos de dólares en algunos casos. Puede controlar su inversión y, si necesita el dinero, puede retirarlo. Esto crea un mundo de oportunidades para los inversores principiantes y abre la puerta a un futuro de fuerte crecimiento potencial. De repente, un profesional de rentas medias puede obtener rendimientos que en el pasado solo estaban al alcance de los inversores institucionales y los particulares con grandes patrimonios.

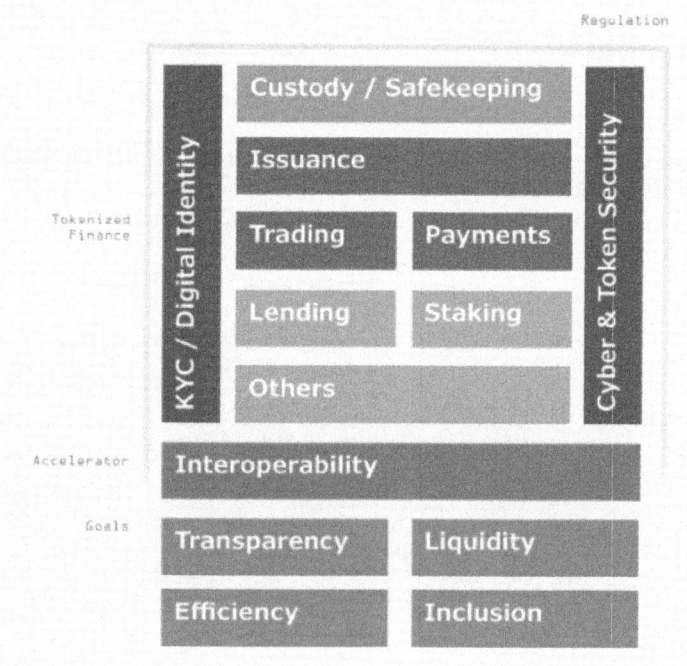

Para ver esto en funcionamiento, consideraremos el caso de Reental, donde soy presidente y he invertido mi tiempo y recursos para trabajar por una causa que me apasiona. Reental es una plataforma de inversión inmobiliaria y líder en activos tokenizados bajo gestión en Europa y Latinoamérica. También es líder en el mercado de habla hispana y la empresa con mayor crecimiento en América. Se centra en propiedades exclusivas, de gran demanda y valor añadido, que garantizan una alta rentabilidad por alquiler y revalorización futura.

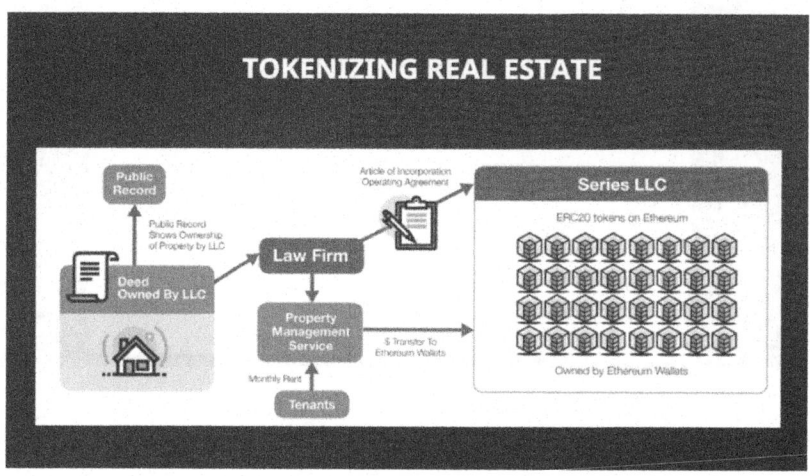

A través de Reental, los usuarios pueden invertir en bienes inmuebles en Europa, Estados Unidos y América Latina con solo unos clics. Los inversores pueden participar con tan solo 100 dólares y obtener una rentabilidad media anual hasta el momento de más del 13 %. También reciben flujos de ingresos pasivos mensuales y liquidez 24/7, gracias a blockchain y contratos inteligentes. Mientras escribo esto, Reental tiene una comunidad de más de 17 000 usuarios en más de 80 países. Cuando la gente invierte con Reental, nueve de cada diez optan por reinvertir. De hecho, durante una reciente ronda de financiación de capital, más del 50 % de las fuentes procedían de los usuarios de la plataforma.

En Reental, los usuarios pueden reinvertir automáticamente sus ganancias, lo que proporciona beneficios tales como el aplazamiento de impuestos. También conlleva un interés compuesto y la posibilidad de seguir aumentando la inversión rápidamente.

WHY REAL ESTATE FIRST

Asset Class	Reental	Stocks	Commercial	Bonds	Gold	CDs
High Cash Yield	✓	—	✓	✓	✗	✗
Low Volatility	✓	✗	✓	✓	✗	✓
Equity Build Up	✓	✓	✓	✗	✗	✗
Leverage	✓	✗	✓	✓	✓	✓
Hard Asset	✓	✗	✓	✗	✓	✗
Inflation Hedge	✓	✗	✓	✗	✓	✗
Tax Advantage	✓	✗	✓	✓	✗	✗
Average Annual Return*	14.0%	12.0%	8.0%	6.4%	6.5%	5.5%

*Data according to NCREIF, Bloomberg, Bankrate, NYU Stern School of Business, Federal Reserve Bank of St. Louis, and Gatsby investment calculations. All calculations assume reinvestment of dividends.

Ahora en Reental estamos centrados en la expansión, que ayudará aún más a los usuarios a proteger su dinero. Prevemos tendencias de demanda crecientes relacionadas con la deslocalización de grandes empresas a determinadas áreas de oportunidad, cambios sociodemográficos o de zonificación, y reformas turísticas, entre otros. Añadimos valor a los inmuebles y los renovamos, si es necesario, en función de los motores de la demanda en una ubicación. Podemos crear espacios que ofrezcan opciones de *coliving* para inquilinos, espacios de *coworking*, alquileres residenciales a corto o largo plazo, alquiler de habitaciones y alquileres vacacionales, entre otros. Por ejemplo, Reental ha tokenizado el primer espacio de *coliving* del mundo, situado en Málaga (España), y también la primera casa cueva con piscina termal natural privada, situada en San Miguel de Allende (México).

Para los pequeños y medianos inversores, las menores barreras de entrada son un alivio bienvenido. La digitalización de los activos inmobiliarios permite fraccionar su valor. Esto proporciona mayores niveles de acceso al capital mundial y permite la participación de inversores internacionales. Las transferencias también son más rápidas y baratas, lo que las hace más eficientes y menos costosas para los inversores.

La tokenización también puede ser utilizada por propietarios y promotores inmobiliarios para obtener financiación, lo que reduce su dependencia de los préstamos bancarios. La tecnología blockchain también puede mejorar la gestión de la propiedad, lo que crea un sistema de seguimiento y gestión de la propiedad más racionalizado.

Normativa y tokenización

Obviamente, el cumplimiento de la normativa local es esencial para la tokenización de activos y la venta de tókenes. Los requisitos varían en función de las distintas jurisdicciones. Sin embargo, es común en todas ellas que los emisores de tókenes cumplan las normas contra el blanqueo de capitales (AML) y de conocimiento del cliente (KYC). Busca procedimientos ordenados a la hora de invertir y desconfía si no ves indicios de cumplimiento.

Las nuevas normativas, como los mercados de criptoactivos (MiCA) —centrados en activos digitales como *stablecoins* y activos sin respaldo—, y el Régimen Piloto DLT —centrado en el desarrollo de activos digitales que se califican como instrumentos financieros— en Europa, aumentarán la concienciación y la confianza en la tecnología blockchain y la tokenización. También hay marcos regulatorios en evolución en todo el mundo, especialmente en lugares como Singapur, Reino Unido, Japón y Abu Dhabi.

En el caso de Reental, la empresa cumple con la normativa y las normas de validación de la CNMV (Comisión Nacional del Mercado de Valores) en España, y también sigue la normativa exigida por la SEC en EE. UU.

Para ver cómo está despegando la tokenización, considera el siguiente gráfico:

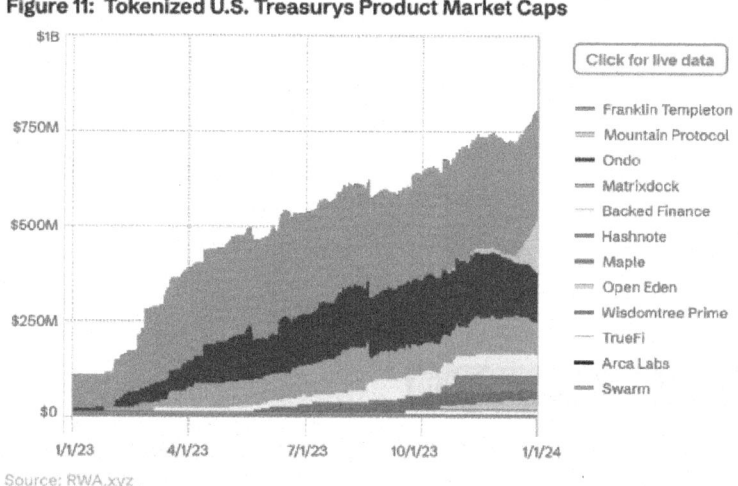

Figure 11: Tokenized U.S. Treasurys Product Market Caps

Te estarás preguntando qué es lo próximo para la tokenización. Creo que cada activo del mundo real tiene dos dimensiones. Cada activo que se puede tokenizar es una combinación de ambas dimensiones, y se enfrenta a diferentes retos en función de dónde se sitúe en el espectro. Estoy convencido de que existen oportunidades de tokenización para todos los activos tangibles e intangibles, junto con todos los activos reales y financieros.

Se estima que la tokenización tendrá un mercado de 16 billones de dólares en 2030 según BCG, como podemos ver en el siguiente gráfico[203], lo que supondría el 10 % del PIB mundial, así que no hemos hecho más que empezar a ver su potencial. Esto coincide con las previsiones de Roland Berger, que cree que alcanzaremos estas cifras si tokenizamos aunque solo sea el 1 % del mercado de RWA[204].

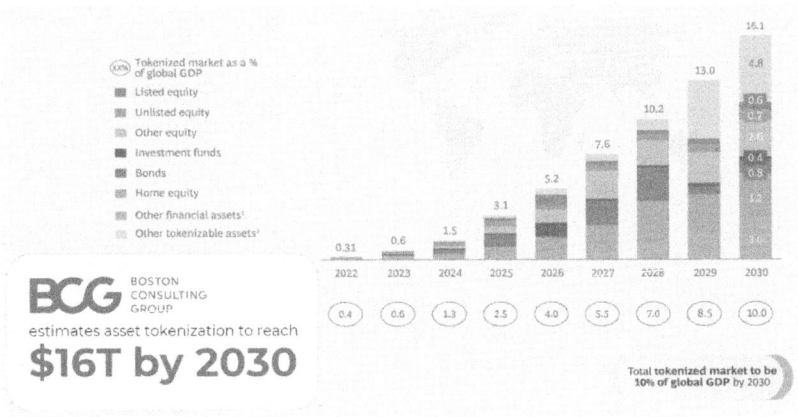

Por si te queda alguna duda después de leer esto sobre la tokenización, te animo a que reflexiones sobre Larry Fink, consejero delegado de Blackrock, la mayor gestora de activos del mundo. Blackrock posee

---

203 Young, Martin. *Real-World Asset Tokenization Could Surge to $16T Industry by 2030*. April 2, 2023. Crypto Potato. https://cryptopotato.com/real-world-asset-tokenization-could-surge-to-16t-industry-by-2030-research/

204 Berger, Roland. *Tokenization of Real-World Assets*. Roland Berger. https://www.rolandberger.com/en/Insights/Publications/Tokenization-of-real-world-assets-unlocking-a-new-era-of-ownership-trading.html

más del 85 % de las acciones del S&P 500. Fink se ha convertido en un acérrimo evangelizador mediático de la tokenización[205]. La considera la piedra angular de un nuevo sector financiero más eficiente, sostenible e inclusivo.

---

[205] Basar, Shanny. *Fund Tokenization on the Rise.* January 24, 2024. Markets Media. https://www.marketsmedia.com/fund-tokenization-on-the-riseD

CAPÍTULO 18

El mundo cambiante a través de DeFi y DePIN

Le han aprobado una hipoteca a tipo fijo. Eso significa que si los tipos de interés vuelven a subir y no estás pagando lo suficiente, lo arreglaremos

Para continuar nuestro debate sobre inversiones, merece la pena señalar la creciente adopción de una nueva forma de realizar transacciones, conocida como finanzas descentralizadas (DeFi). Se trata de un sistema financiero basado en la tecnología blockchain. A diferencia de los métodos financieros tradicionales, que dependen de partes centralizadas como bancos y bolsas para facilitar las transacciones, DeFi opera en redes descentralizadas. Utiliza contratos inteligentes para automatizar los procesos y no necesita a un tercero, como un banco, para realizar una transacción.

Se han producido cambios a medida que más organizaciones y particulares se lo toman en serio, y vendrán muchos más. Para sacar el máximo partido a tu dinero, te conviene estar al tanto de lo que ocurre y de cómo puedes participar. Dedicaremos algún tiempo a analizar cómo el DeFi está irrumpiendo en el sector de los servicios financieros. Analizaremos sus posibles implicaciones y lo que hay que saber al respecto para realizar inversiones más inteligentes.

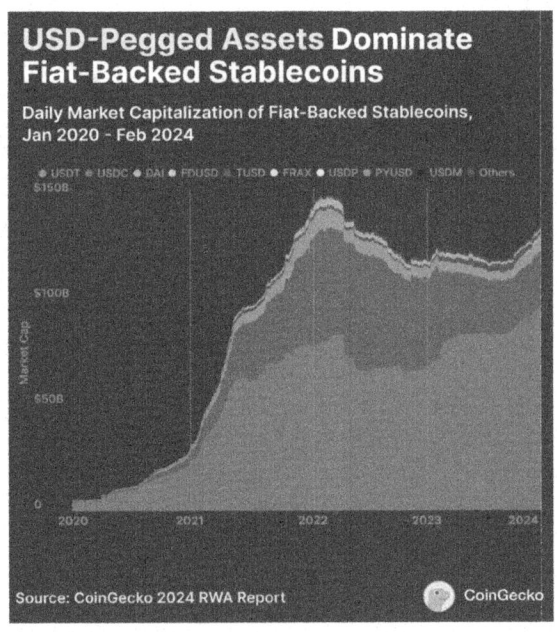

Un cambio para los servicios financieros

Tradicionalmente, si uno quería pedir un préstamo o acceder a fondos, tenía que pasar por una institución financiera, como un banco. Con este sistema, muchas personas se quedaban fuera. No podían pagar las comisiones ni cumplir los requisitos necesarios para obtener un préstamo. Las barreras de entrada a la inversión también han sido normalmente altas. Sin un patrimonio lo bastante grande, no era posible invertir en determinados activos con potencial de mayor rentabilidad.

DeFi cambia todo eso de repente. Cualquiera con una conexión a internet y un monedero digital puede participar. En esencia, DeFi elimina a los intermediarios que había antes y hace posible el intercambio entre iguales. La forma en que se mueve el dinero pronto podría ser muy diferente, especialmente a medida que la cadena de bloques y los activos digitales estén más presentes en el mercado general. Según el contenido de Deloitte, las criptomonedas, las *stablecoins* y los activos tokenizados, todos ellos programables, están sustituyendo a servicios que antes realizaban los bancos, las bolsas y los brókeres206.

DeFi proporciona un mayor acceso a los consumidores de todo el mundo. Si las personas tienen acceso a internet, podrán participar en el sistema financiero. Puede que no tengan una cuenta bancaria, pero podrán realizar transacciones a través de formas digitales de moneda respaldadas por blockchain. Del mismo modo, las empresas e incluso los gobiernos podrán intercambiar e interactuar de nuevas formas a través de DeFi.

Las marcas se suben al carro

Un número creciente de grandes bancos y redes bancarias, redes de tarjetas y proveedores de tecnología se están involucrando en las redes blockchain. En particular, PayPal acaba de adoptar la criptomoneda en su plataforma, haciéndola accesible a sus usuarios. Si tienes una cuenta PayPal, ahora puedes comprar, mantener y vender

---

206 *Decentralized Finance May Transform How Money is Managed*. Deloitte. https://deloitte.wsj.com/cfo/decentralized-finance-may-transform-how-money-is-managed-7dda94b3

criptomonedas comunes. También puedes canjearlas y transferirlas entre cuentas de PayPal y Venmo que cumplan los requisitos, además de otros monederos e intercambios[207].

PayPal no está solo en este movimiento para acercar las criptomonedas y DeFi a las masas. J. P. Morgan ha lanzado JPM Coin System, un sistema de pagos y registro de cuentas basado en blockchain. También ha creado Onyx Digital Assets, una plataforma de tokenización que permite a las instituciones financieras y a otros registrar y representar activos financieros como fichas programables en una cadena de bloques. Para los inversores, especialmente los más jóvenes, J. P. Morgan y Apollo Global Management buscan crear un sistema de gestión de carteras impulsado por blockchain, contratos inteligentes y tokenización[208].

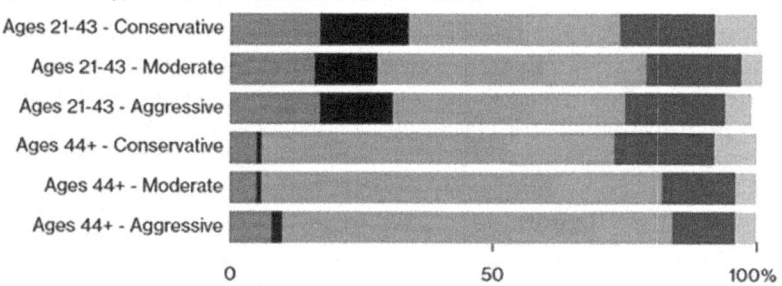

Investment Split
Young investors allocate about half of their portfolios to cash and alternatives
■ Alts ■ Crypto ■ Stock ■ Bonds ■ Cash ■ Other

Source: Bank of America
Note: Average portfolio allocation across age and risk tolerance, %

---

207 *Decentralized Finance May Transform How Money is Managed.* Deloitte. https://deloitte.wsj.com/cfo/decentralized-finance-may-transform-how-money-is-managed-7dda94b3

208 *Decentralized Finance May Transform How Money is Managed.* Deloitte. https://deloitte.wsj.com/cfo/decentralized-finance-may-transform-how-money-is-managed-7dda94b3

Goldman Sachs también está invirtiendo en DeFi y preparándose para el cambio. La empresa se ha introducido en el comercio de criptomonedas y ha lanzado su propia plataforma de activos digitales. Se ha unido a Canton, una red blockchain que proporciona conexiones entre organizaciones a través de contratos inteligentes. S&P Global, Moody's, Broadbridge y Capgemini también participan en Canton. La idea es disponer de un lugar donde se puedan intercambiar datos y valor de forma segura.

Aumenta la regulación

A menudo, cuando se produce una innovación, al principio no hay ninguna normativa que la controle. A medida que las industrias se ven alteradas, los organismos reguladores buscan formas de establecer límites y proporcionar una capa de protección a los usuarios. El inicio de la regulación suele ser señal de que las nuevas tecnologías se están adoptando, de que serán más comunes en el futuro.

En el caso de DeFi, muchos países están estudiando marcos reguladores que permitan el uso de activos digitales. Alrededor de 130 jurisdicciones en el mundo están lanzando, probando, desarrollando o investigando monedas digitales de bancos centrales. California también ha puesto en marcha dos proyectos de ley: uno para la concesión de licencias de monedas virtuales y otro para regular las transacciones de activos financieros digitales. En Estados Unidos, la SEC aprobó la cotización y negociación de varios fondos cotizados de bitcoins al contado, lo que facilita la inversión en esta criptomoneda. El Consejo de Normas de Contabilidad Financiera ha creado directrices para las criptomonedas y otros activos digitales. Incluso el IRS ha elaborado directrices sobre los activos digitales y los trata como bienes a efectos fiscales federales[209].

A través de DeFi, todo, desde las cadenas de suministro hasta las nóminas, podría gestionarse de forma diferente. Los gobiernos podrían supervisar a las tesorerías mundiales de otra manera. También podrían cambiar los métodos utilizados para recaudar impuestos y gestionar las cuentas de inversión.

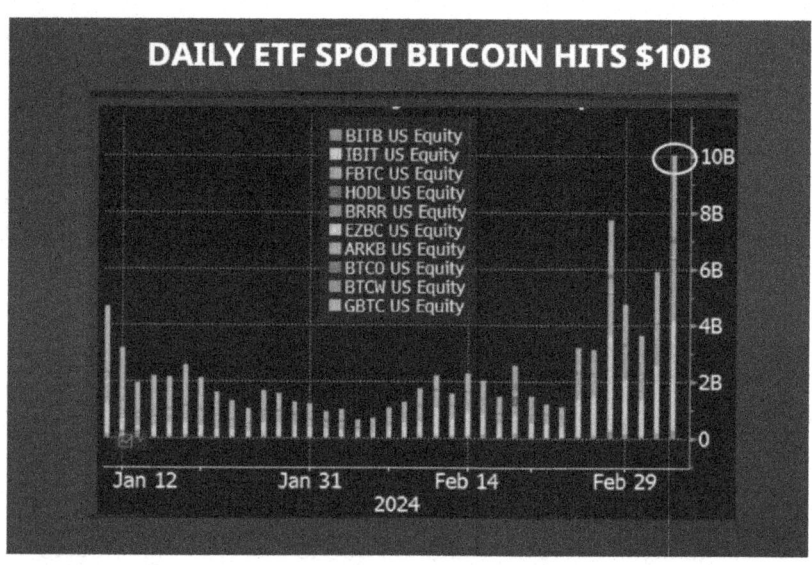

[209] *Decentralized Finance May Transform How Money is Managed.* Deloitte. https://deloitte.wsj.com/cfo/decentralized-finance-may-transform-how-money-is-managed-7dda94b3

Las ventajas de DeFi

¿Qué está atrayendo a tanta gente hacia las criptomonedas y el blockchain? ¿Por qué los gobiernos buscan formas de establecer directrices para las nuevas transacciones? ¿Qué está haciendo que las grandes instituciones financieras se involucren en la tokenización?

Ciertamente, cuando se empezó a hablar de las criptodivisas y estas entraron en el mercado, hubo altibajos pronunciados. Con el tiempo y el avance de la tecnología, cada vez son más los que empiezan a ver el potencial de los activos digitales y el blockchain. Esta forma de realizar transacciones aporta muchos beneficios en comparación con los métodos tradicionales de financiación.

Algunas de las ventajas que aporta DeFi y que los inversores querrán conocer son:

- **Mayor transparencia**: la tecnología blockchain, que constituye la columna vertebral de DeFi, permite realizar transacciones seguras sin necesidad de intermediarios. Con los contratos inteligentes, los procesos financieros pueden automatizarse. Esto incluye préstamos, empréstitos y operaciones comerciales. Todos ellos contribuyen a agilizar la transacción y reducir el riesgo.

- **Inclusión financiera**: DeFi tiene el potencial de dar mayor acceso de la población mundial a los servicios financieros, incluyendo a quienes no tienen cuenta bancaria. Con solo un teléfono inteligente y una conexión a internet, los particulares pueden acceder a las plataformas DeFi para realizar inversiones y obtener intereses por sus activos. Pueden participar en oportunidades de inversión que antes no estaban a su alcance.

- **Acceso global**: como DeFi funciona en redes abiertas y sin permisos, cualquiera que tenga conexión a internet puede participar. Esto facilita las transacciones transfronterizas y fomenta el comercio internacional. Puedes tener el control de tus finanzas, independientemente de dónde vivas.

- **Responsabilidad comunitaria**: muchos protocolos DeFi se rigen por organizaciones autónomas descentralizadas (DAO). A través de ellas, los poseedores de tókenes toman decisiones colectivamente sobre la gobernanza de la plataforma, las actualizaciones del protocolo y cómo se asignan los recursos. La rendición de cuentas impulsada por la comunidad ayuda a garantizar que las plataformas DeFi se adapten a las necesidades de sus usuarios.

De cara a los próximos años, cabe esperar que la tecnología DeFi se siga generalizando. Los consumidores de todo el mundo podrán disfrutar de productos y servicios financieros de formas que no eran posibles en el pasado. Los particulares podrán invertir y tomar decisiones sobre su futuro.

De hecho, según Credit Suisse[210] y el informe CapGemini Wealth Report[211], en los próximos veinte años, 260 000 millones de dólares de la riqueza mundial cambiarán de manos a sus herederos, y la clase media acomodada crecerá significativamente hasta alcanzar los 5000 millones de personas en los próximos cinco años, un segmento emergente, joven e ignorado, con 18 000 millones de dólares en activos líquidos para invertir que busca mejores rendimientos e inversiones alternativas.

---

210 https://www.credit-suisse.com/about-us/en/reports-research/global-wealth-report.html

211 https://www.capgemini.com/es-es/investigacion/biblioteca-de-investigacion/world-wealth-report/

El impacto positivo que está teniendo DeFi es lo que más me entusiasma: la posibilidad de hacer inversiones alternativas, independientemente de dónde se esté o de lo que se gane.

Involucrándonos, podemos ayudar a la gente a hacerse cargo de construir su propio patrimonio en sus propios términos. Con menor riesgo y mayores oportunidades de rentabilidad, el futuro es brillante. Si aún no te has involucrado en DeFi, puede que sea el momento de pensártelo.

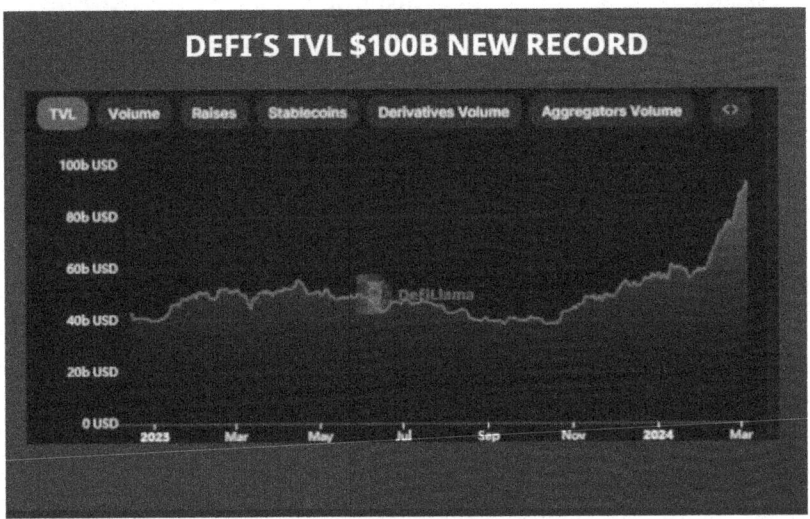

DePIN: integración en el mundo real

No quisiera terminar este capítulo sin introducir las DePIN (*Decentralized Physical Infrastructure Networks*, 'redes descentralizadas de infraestructuras') las cuales introducen otro elemento transformador al conectar el mundo físico con el digital. DePIN permite la implementación de servicios tangibles a través de tokenes que incentivan a las personas a desplegar hardware para ofrecer servicios reales, como el *car-sharing*, la recarga de vehículos eléctricos, el comercio de datos meteorológicos, de contaminación, la energía solar o la conectividad wifi/5G. Este modelo, además de crear nuevas oportunidades de inversión, enfrenta a los competidores tradicionales de Web2, obligando a la industria a adaptarse y evolucionar.

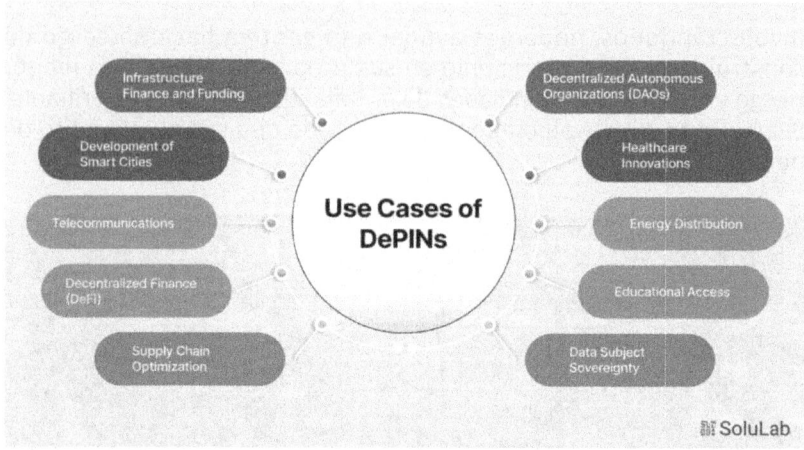

La integración de DePIN en el ecosistema DeFi amplifica la capacidad de los emprendedores para innovar y crear soluciones sostenibles en su comunidad. Al permitir la monetización de infraestructuras físicas mediante la tokenización, los emprendedores pueden acceder a nuevos modelos de negocio que fusionan la tecnología con las necesidades locales.

Este es un enfoque que democratiza el acceso a servicios esenciales, fomenta la colaboración entre individuos y empresas e impulsa una economía más resiliente y descentralizada. Las DePIN son catalizadoras del cambio, pues entrelazan las oportunidades de inversión y la creación de valor desafiando las normas establecidas y redefiniendo el futuro de la finanzas personales.

CAPÍTULO 19

Gestión de las inversiones con IA y ML

"My financial strategy? Hope for the best, but plan for the worst."

¿Mi estrategia financiera? Esperar lo mejor, pero planear para lo peor

Hoy en día, como hemos visto, elegir inversiones requiere tiempo e investigación, y a menudo hay que fijarse bien para saber si una empresa contribuye a tener un impacto social positivo. Hay tantas opciones disponibles que puede parecer difícil empezar. Cuando compares inversiones, querrás pensar en los resultados a largo plazo, su valor futuro y muchas de las estrategias que hemos cubierto hasta ahora para aumentar tus posibilidades de obtener un mayor rendimiento, minimizando tus riesgos y desventajas.

Cuando lleves a cabo tus investigaciones, ten en cuenta que existen herramientas que permiten tomar decisiones más inteligentes, muchas de ellas están relacionadas con la tecnología. Gracias a los últimos avances, la inteligencia artificial (IA) y el aprendizaje automático (*machine learning*, en inglés) son capaces de gestionar grandes cantidades de datos y proporcionar información que, de otro modo, podríamos pasar por alto. En la actualidad, el 98 % de los asesores financieros considera que la IA es una herramienta fundamental que está cambiando la forma en que los clientes crean, ofrecen y consumen el asesoramiento[212].

Esta asistencia digital podría serte útil a la hora de tomar decisiones. Un buen punto de partida es comprender su potencial, ya que está transformando la forma en que las personas gestionan sus finanzas. Como en cualquier otro sector, va a haber un copiloto de IA para cada profesión que se te ocurra, para ayudar a las personas a hacer su trabajo, por lo que también querrás saber cómo implementan estas tecnologías tus asesores de inversión.

Sin lugar a duda, el interés y desarrollo de soluciones en este ámbito, incluido en el sector cripto, es muy representativo de cómo el mundo se va a transformar en los próximos años.

---

[212] *More Financial Advisors Turning to AI Tools for Clients, Survey Shows*. August 5, 2022. Wisconsin Institute of Certified Public Accountants. https://www.wicpa.org/news/articles/1750:more-financial-advisors-turning-to-ai-tools-for-clients-survey-shows

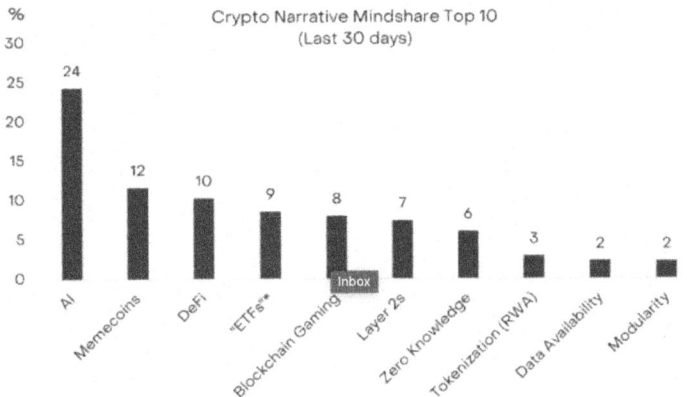

Note: Narrative mindshare measures the relative frequency of social media mentions for specific crypto market themes or narratives. *Specifically the potential for crypto assets to be included in US-listed ETPs.
Source: Kaito. Data as of June 25, 2024. For illustrative purposes only.

En las siguientes secciones, compartiré las ventajas que la IA y el ML están proporcionando al sector. También explicaré cómo los utilizamos en Savia Capital, junto con otras estrategias, para tomar decisiones de inversión más inteligentes. A medida que leas, verás que no se trata solo de aprender sobre nuevas herramientas. Es mucho más que eso; la IA y el ML están perturbando los enfoques de inversión tradicionales, y para actualizar tu propio dinero, es fundamental saber lo que pueden hacer para ayudarte a evitar pérdidas y aumentar tus rendimientos con inversiones alternativas más inteligentes.

IA y ML en la tokenización

La IA y el ML se están integrando cada vez más en la tokenización de activos. Esto significa que la tecnología puede utilizarse para optimizar las estrategias de inversión, supervisar la gestión de riesgos y tomar decisiones informadas. La IA y el ML analizan grandes cantidades de datos para encontrar patrones, predecir las tendencias del mercado e identificar el valor percibido y real de los activos tokenizados.

Consulta el siguiente gráfico con las tecnologías emergentes que están influyendo en la tokenización de activos:

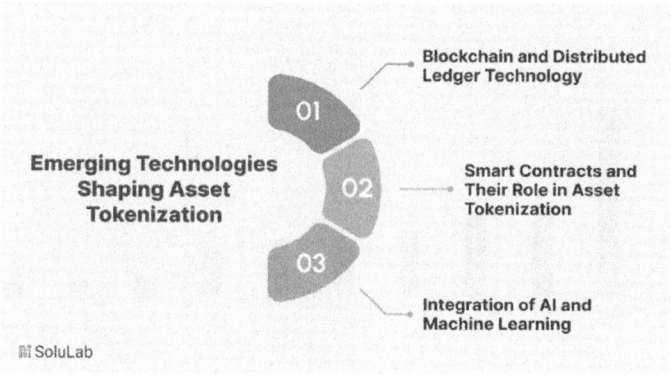

Poner en práctica la IA y el ML

En Savia Capital, utilizamos varias prácticas para tomar decisiones de inversión. Tomamos como punto de partida las opiniones de nuestros analistas fundamentales. También recurrimos a la sabiduría popular para ver lo que otros dicen colectivamente sobre una empresa o un activo. Por último, utilizamos IA y ML para ayudarnos a comparar las opciones y ver cuáles destacan como ganadoras.

Nuestra estrategia de inversión nos permite analizar las empresas o activos utilizando el enfoque tradicional de la inversión en valor, junto con el sentimiento del público sobre ellos. Los sistemas de IA y ML nos permiten identificar correlaciones, patrones y clasificaciones que se actualizan continuamente. Esto proporciona una visión comparativa clara y, puesto que la IA no tiene sentimientos, no se ve afectada por las emociones tradicionales de los inversores. No hay por qué preocuparse de que la IA sea temerosa o codiciosa, y no tiene comportamientos reaccionarios durante las recesiones, las crisis económicas o las caídas del mercado. Por el contrario, nos ayuda a tomar decisiones más informadas, precisas y rápidas. En última instancia, conduce a mejores resultados de inversión o alfa (el alfa mide el exceso de rentabilidad de una inversión, también conocido como rendimiento, en comparación con un índice de referencia o con el mercado, mientras que la beta mide la volatilidad de una inversión en comparación con el mercado en general).

Para ver cómo funciona y la diferencia que puede marcar, un buen ejemplo es FINQ Stocks Products (finqai.com). Esta plataforma ofrece carteras de valores creadas para superar al mercado y utiliza la IA para tomar decisiones de inversión más informadas. Sus productos se basan en una clasificación completa de todas las acciones del S&P que se generan cada día mediante herramientas que analizan millones de puntos de datos procedentes de múltiples fuentes. Su motor, impulsado por IA, recopila información de expertos en inversión y analistas de Wall Street, tráfico y tendencias en medios de comunicación y redes sociales, e información específica sobre empresas. Con esta estrategia, ha sido capaz de proporcionar rendimientos superiores a los del S&P 500. Por ejemplo, en febrero de 2024, mientras que el S&P 500 proporcionó una rentabilidad del 21,18 %, FINQFIRST ganó un 59,27 %, casi tres veces más que el S&P 500[213].

Como puedes ver, existe un potencial significativo para invertir con IA y ML. Los rendimientos podrían ser mayores, ya que aprovechas herramientas que pueden procesar cantidades masivas de datos y realizas un seguimiento continuo de las empresas. Si te estás iniciando en la inversión, te animo a que pienses en cómo podrías utilizar la IA y el ML en tu propia estrategia. Si no la aplicas personalmente, podrías plantearte trabajar con alguien que entienda su potencial y sepa cómo maximizar las ventajas de la tecnología.

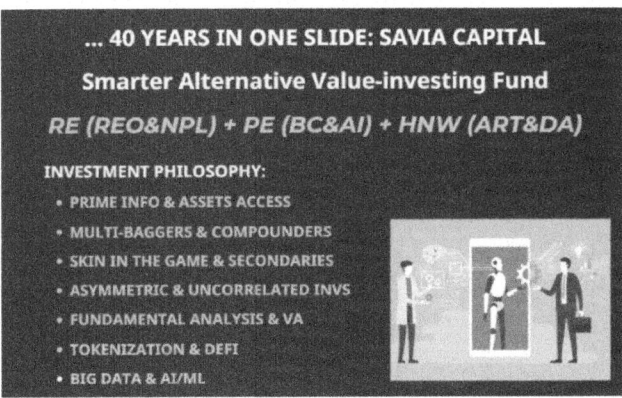

---

213 FINQ Stocks Products. FINQ Stocks. https://finqai.com/stocks/portfolios

PARTE 3
Mejora tu legado

CAPÍTULO 20

La oportunidad de marcar la diferencia

Si Robin Hood quita a los ricos para dárselo a los pobres, al final todos serán pobres. Explícame otra vez por qué eso le convierte en un héroe

Cuando miro atrás y veo la evolución de mi carrera y mis negocios, lo que más me enorgullece son las oportunidades que he tenido de mejorar la vida de los demás. Creo que crear acceso a la educación puede ayudar a las sociedades a avanzar en la dirección correcta. También quiero que las personas que no siempre han tenido la oportunidad de invertir puedan mejorar su situación económica. En la actualidad, soy mentor de otras personas y siempre estoy dispuesto a responder a preguntas que puedan ayudar a quienes intentan mejorar sus vidas.

En cuanto a la educación, comparto con Benjamin Franklin que «más caro que la educación es la ignorancia», pero consciente de las dificultades de muchos, he encontrado la manera de proporcionar fondos —a través de loterías estatales— para becas a estudiantes que, de otro modo, no podrían seguir estudiando. Si la financiación es limitada, las puertas del aprendizaje pueden cerrarse, especialmente en el ámbito universitario. Sin embargo, cuando se les da la oportunidad de estudiar, las personas pueden adquirir la resiliencia necesaria para esforzarse y obtener un título, lo que conduce a mejores hábitos, trabajos mejor remunerados y una vida satisfactoria.

En Reental, estamos haciendo que invertir y obtener ingresos pasivos sea accesible para todos con un solo clic. Puedes invertir a partir de 100 dólares y obtener una tasa interna de retorno promedio hasta el momento de más del 13 %, con liquidez 24/7 si la necesitas. También somos la primera empresa del mundo en ofrecer características como un mercado *peer to peer*, ingresos pasivos mensuales automáticos gracias a los contratos inteligentes, préstamos colateralizados gracias a DeFi con tókenes RWA no volátiles como garantía, junto con la opción de invertir en viviendas inteligentes, ciudades inteligentes, alquileres inteligentes, y muy pronto en fondos inmobiliarios tokenizados.

Como mentor, siempre estoy encantado de conectar con otras personas que buscan aprender más sobre cómo hacer un mejor uso de sus ahorros o construir carteras más inteligentes. Espero que este libro pueda convertirse en un recurso para quienes se inician en este apasionante mundo de las inversiones alternativas.

Cuando uno trabaja para marcar la diferencia en la vida de los demás, a menudo encuentra satisfacción en su trabajo. Un sentimiento de realización puede ayudar a superar los días difíciles. Y los días buenos pueden parecer más brillantes.

Las decisiones que tomas cada día, mientras inviertes, pueden tener un impacto duradero, aunque no sea obvio de inmediato. Por ejemplo, muchos inversores *millennials* preguntan hoy por la huella de carbono antes de tomar una decisión. Cuando miran un coche nuevo, es posible que pregunten por sus emisiones en lugar de comprobar el tamaño de su motor o su velocidad máxima. El Green Deal fomenta nuevas tendencias y una transición hacia mejoras que ahorren energía, y tú podrías formar parte de ese movimiento que aporta nuevas fuentes de ingresos y rendimientos al tiempo que contribuye, cada día, a mejorar el aire que respiramos.

En las siguientes secciones, compartiré algunas citas sobre la felicidad y la compasión. Mientras las lees, piensa en tu propia vida y en tu propósito. Piensa si has encontrado la manera de marcar la diferencia o si aún estás buscando el camino correcto.

Felicidad y compasión

La felicidad reside en la alegría del logro

Aldous Huxley solía decir que la felicidad suele ser el subproducto de otras actividades[214].

De hecho, según las investigaciones de Lyubomirsky, Sheldon y Schkade, nuestra felicidad se basa en lo siguiente: 50 % genes, 10 % circunstancias y 40 % actividad intencionada[215]. En consecuencia, es nuestra responsabilidad crearla. Según una investigación de Harvard, conseguir relaciones positivas nos mantiene más felices, más sanos y nos ayuda a vivir más[216].

---

214 Huxley, Aldous. *Aldous Huxley Quotes*. Goodreads.com https://www.goodreads.com/author/quotes/3487.Aldous_Huxley

215 Newman, Kira. *How Much of Your Happiness is Under Your Control?* February 18, 2020. Greater Good Magazine. https://greatergood.berkeley.edu/article/item/how_much_of_your_happiness_is_under_your_control

216 Schulz, Marc. *An 85-year Harvard study found the No. 1 think that makes us ha-*

Construye tu felicidad sobre los pilares adecuados

Ser una persona feliz no depende de tener la familia, el trabajo o el estilo de vida perfectos. De hecho, no depende de tener nada perfecto. Para ser feliz, debes responsabilizarte de tu vida y de tus actos. Simplemente, cultiva relaciones profundas y significativas con tu familia y amigos, encuentra un trabajo o negocio que sea satisfactorio —por tus habilidades y tus compañeros— y forma parte de algo que te inspire asombro y maravilla. Como dijo el papa Benedicto XVI, «el mundo nos ofrece comodidad, pero no estamos hecho para la comodidad, sino para la grandeza»[217].

No hay un camino hacia la felicidad: la felicidad es el camino

William Saroyan afirmó que «La mayor felicidad que puedes tener es saber que no necesitas necesariamente la felicidad»[218]. Y recuerda la sabiduría de Lao Tse: «Si no eres feliz con poco, no serás feliz con mucho»[219]. También recomiendo seguir a los estoicos para equilibrar una felicidad eudaimónica (sentirse bien contribuyendo a los demás) con una hedónica (sazonar la vida con momentos de placer de vez en cuando).

Busca áreas en las que realmente puedas mejorar

Como dijo Jim Rohn, «Tu vida no mejora por casualidad; mejora por el cambio»[220]. Y ten en cuenta que los sueños no se hacen realidad en un chasquido de dedos. Requieren paciencia y determinación.

---

ppy in life: It helps us 'live longer'. February 10, 2023. CNBC. https://www.cnbc.com/2023/02/10/85-year-harvard-study-found-the-secret-to-a-long-happy-and-successful-life.html

217 https://es.catholic.net/op/articulos/69623/cat/1262/hechos-para-mas.html#modal

218 Saroyan, William. *William Saroyan Quotes*. Goodreads.com. https://www.goodreads.com/quotes/183013-the-greatest-happiness-you-can-have-is-knowing-that-you

219 *The 35 Best Quotes by Lao Tse, The Father of Taoism*. Step to Health. https://steptohealth.com/the-35-best-quotes-by-lao-tse-the-father-of-taoism/

220 Rohn, Jim. *Jim Rohn Quotes*. Goodreads.com. https://www.goodreads.com/quotes/561636-your-life-does-not-get-better-by-chance-it-gets

Céntrate en lo que te llena

Como dijo Steve Jobs, «La única forma de hacer un gran trabajo es amar lo que haces»[221].

Recuerda que no puedes comprarlo todo

Como dijo Naval Ravikant, «un cuerpo en forma, una mente tranquila, una casa llena de amor. Estas cosas no se pueden comprar, hay que ganárselas»[222].

Deja propina como si tú fueras quien la recibe

Todos damos propinas. Y al que das propina hoy puede ser el que te dé propina mañana.

Practica el sisu

Sisu es una filosofía de vida popular en Finlandia, conocido como el país más feliz del mundo[223]. Básicamente, consiste en encontrar un propósito mayor con el que conectar, aumentar la resiliencia mediante el entrenamiento, ser amable con uno mismo y con los demás, y conectar con la naturaleza regularmente. Haz silencio, disfruta de las maravillas de la naturaleza, escucha a los pájaros y huele la hierba y las flores.

Disfruta de lo que haces

No es que mordamos más de lo que podemos masticar; es que mordemos más de lo que podemos saborear. Creo que fue Francisco de Ayala quien dijo, a sus ciento un años: «La felicidad es hacer lo que crees que debes hacer y hacerlo con gusto».

---

[221] Jobs, Steve. *Steve Jobs Quotes*. Goodreads.com. https://www.goodreads.com/quotes/772887-the-only-way-to-do-great-work-is-to-love

[222] Ravikant, Naval. *Naval Ravikant Quotes*. Goodreads.com. https://www.goodreads.com/quotes/9221707-a-fit-body-a-calm-mind-a-house-full-of

[223] Lahti, E. Elisabet. *Finland is home to the world's happiest people. Their No. 1 secret is this 500-year-old mindset, says psychology expert*. June 30, 2023. https://www.cnbc.com/2023/06/30/im-a-psychologist-in-finland-this-500-year-old-mindset-makes-us-the-worlds-happiest-people

Sigue el camino correcto

Dijo san Agustín de Hipona: «Lo malo es malo, aunque todo el mundo lo haga. Lo correcto es lo correcto, aunque nadie lo haga»[224]. Y Roy T. Bennett dijo: «Haz lo correcto, no lo fácil ni lo popular»[225]. Elon Musk añadió: «Cuando algo es lo bastante importante, lo haces aunque las probabilidades no estén a tu favor»[226].

La belleza no garantiza la felicidad

De vez en cuando leo o escucho a jóvenes referirse a esas maravillosas modelos o *influencers* de Instagram como ejemplos a emular para alcanzar «su felicidad». Al igual que las posesiones materiales, la belleza o ser un experto en maquillaje/fotografía no hace a una persona más feliz. Por supuesto, puede mejorar su autoestima, pero generalmente solo durante un tiempo. Saber que ya somos bellos sin ayuda externa es lo mejor para nuestra mente.

Ante los halagos y los insultos, sé como un ficus

Es decir, mantén una buena actitud. Simula que eres un ficus (comúnmente llamado higuera), símbolo de la paz. La ira es autodestructiva y no nos aporta ningún beneficio.

La felicidad consiste en dar, no solo en recibir

Si intentas obtener lo suficiente de algo para ser feliz, nunca lo serás.

Sé agradecido

Las personas agradecidas son más felices, tienen más energía, son más serviciales y experimentan emociones positivas con más frecuencia.

---

[224] St. Augustine. *St. Augustine Quotes*. Goodreads.com https://www.goodreads.com/quotes/126110-right-is-right-even-if-no-one-is-doing-it

[225] Bennett, Roy T. *Roy T. Bennett Quotes*. Goodreads.com https://www.goodreads.com/quotes/7858741-do-what-is-right-not-what-is-easy-nor-what

[226] Musk, Elon. *Elon Musk Quotes*. BrainyQuote.com https://www.brainyquote.com/quotes/elon_musk_567219

Así que, cada vez que te laves los dientes, repasa qué cosas buenas han ocurrido desde tu última sesión de cepillado dental.

Abraza

Los abrazos son gratis y sirven como analgésicos y antidepresivos. Abrazar no es solo una muestra de amor, sino que también nos ayuda a aliviar el estrés, disminuir el dolor y hacernos sentir mucho más cerca de los demás. Considero que un verdadero abrazo debe ser «de corazón a corazón» y mantenerse durante al menos seis segundos. Según una investigación de la Universidad Carnegie Mellon, las personas que abrazan son mucho más felices, así que abraza, por favor.

Sé optimista

El optimismo requiere persistencia y determinación. Las personas optimistas tienden a interpretar sus problemas como temporales, controlables y específicos de una situación. Las personas pesimistas, por el contrario, creen que sus problemas son permanentes, incontrolables y que socavan todo lo que hacen. Siempre que te enfrentes a una adversidad, escucha atentamente las explicaciones que le das. Si estas explicaciones son pesimistas, rebátelas activamente. Las etiquetas pesimistas conducen a la pasividad, mientras que las optimistas llevan a intentar cambiar. Utiliza pruebas, alternativas y utilidad a la hora de cuestionar tus explicaciones. No solo necesitamos ser optimistas para luchar contra la depresión, conseguir un ascenso o convertirnos en líderes (recuerda que los demás se sienten más atraídos por las personas optimistas), sino para dar una sensación de esperanza a quienes nos rodean. Está demostrado que las personas optimistas tienen una mayor calidad de vida[227].

Cuando hagas donaciones benéficas, recuerda la ley de los rendimientos decrecientes

Las donaciones benéficas, como la mayoría de las actividades económicas, están sujetas a la ley de los rendimientos decrecientes, que

---

[227] Haney, Matthew and Alvin Wong. *Is Optimism Associated with Increased Quality of Life and Life-Expectancy in Adult Patients?* May 2022. DOI. https://journals.lww.com/ebp/citation/2022/05000/is_optimism_associated_with_increased_quality_of.31.aspx

establece que cuanto más se añade de algo, menos diferencia supone cada nueva adición. Para ilustrarlo, imagina que te has quedado sin hogar. Un jersey puede protegerte de la hipotermia, pero si ya tienes muchos jerseys, uno más apenas mejorará tu calidad de vida. Lo mismo ocurre con las donaciones benéficas, en las que cada dólar adicional supone una diferencia menor que el anterior. Así que distribuye tus aportaciones con prudencia.

Prepárate para actuar

Según Mahatma Gandhi, «puede que nunca sepas los resultados de tus acciones, pero si no haces nada, no habrá resultados»[228]. Y H. Jackson Brown, Jr. Añadió: «Dentro de veinte años estarás más decepcionado por las cosas que no hiciste que por las que hiciste»[229].

Perdona

El perdón es la respuesta a casi todo. Cuando estamos atascados, normalmente significa que hay que perdonar más. Cuando no estamos fluyendo libremente con la vida en el momento presente, normalmente significa que nos estamos aferrando a un momento pasado. Puede tratarse de arrepentimiento, tristeza, dolor, miedo, culpabilidad, culpa, ira, resentimiento o, a veces, incluso deseo de venganza. Tenemos que liberarnos de todo resentimiento para hacer sitio al cambio. Como dijo Pamela Short, «la mejor venganza es ninguna. Cúrate, sigue adelante y no te vuelvas como aquellos que te hicieron daño»[230].

Libérate del control de los demás

No te dejes controlar por ninguna de las tres cosas siguientes: la gente, el dinero o las experiencias pasadas.

---

[228] Gandhi, Mahatma. *Mahatma Gandhi Quotes*. Goodreads.com https://www.goodreads.com/quotes/3343-you-may-never-know-what-results-come-of-your-actions

[229] Brown, H. Jackson Jr. *H. Jackson Brown, Jr. Quotes*. Goodreads.com. https://www.goodreads.com/quotes/2340-twenty-years-from-now-you-will-be-more-disappointed-by

[230] Short, Pamela. *Pamela Short Quotes*. Goodreads.com. https://www.goodreads.com/quotes/11585241-the-best-revenge-is-none-heal-move-on-and-don-t

Vive cada día al máximo

La vida no pospondrá tu muerte, así que no pospongas tu vida. Como dijo Buda: «Un momento puede cambiar un día, un día puede cambiar una vida y una vida puede cambiar el mundo»[231].

Bronnie Ware, una enfermera australiana, plasmó en un libro los anhelos y arrepentimientos de personas cercanas a la muerte. Estos son los cinco principales: «Ojalá me hubiese permitido ser más feliz», «Ojalá no hubiera trabajado tanto», «Ojalá hubiese podido expresar mis sentimientos», «Ojalá hubiese tenido más contacto con los amigos» y «ojalá hubiera tenido el coraje de hacer lo que quería hacer y no lo que otros esperaban que hiciera»[232].

Sé discreto cuando sea apropiado

Khalil Gibran afirmó: «Viaja y no se lo cuentes a nadie, vive una verdadera historia de amor y no se lo cuentes a nadie, vive feliz y no se lo cuentes a nadie. La gente arruina las cosas bellas»[233].

Identifica tu libro, canción y película favoritos (y renuévalos de vez en cuando)

Te hace más consciente de las experiencias placenteras que te proporciona la vida. Mi libro favorito actualmente es *Cuento de Navidad*, ya que es una gran historia que nos recuerda, año tras año, la razón para querernos y apreciarnos y estar agradecidos por las cosas más pequeñas. La canción que más me gusta es *I Will Always Love You*, ya que la cantante, Whiney Houston, tiene una voz preciosa y el mensaje es esencial. Mi película favorita es *La lista de Schindler* por su ejemplo tan impresionante de cómo se puede influir en el mundo siendo emprendedor.

---

231 Buddha. *Buddha Quotes*. Goodreads.com. https://www.goodreads.com/quotes/603942-one-moment-can-change-a-day-one-day-can-change

232 https://www.bbc.com/mundo/noticias/2012/01/120131_arrepentimiento_al_morir_men

233 Gibran, Kahlil. *Kahlil Gibran Quotes*. Goodreads.com. https://www.goodreads.com/quotes/7839456-travel-and-tell-no-one-live-a-true-love-story

«Soy feliz porque no quiero nada de nadie»[234]

Se le atribuye esta frase a Albert Einstein, y creo que es una gran cita que merece una reflexión diaria. También me gusta mucho esta otra de Cary Siegel: «Sé feliz con lo que consigues. La hierba rara vez es más verde al otro lado»[235].

La compasión es entre iguales

La palabra «compasión» viene del latín y significa 'sufrir juntos'. Como dijo Pema Chödrön: «No es una relación entre el sanador y el herido. Es una relación entre iguales».[236] Y como subrayó el Dalai Lama, «la compasión y la felicidad no son un signo de debilidad, sino de fortaleza»[237].

A lo largo del día y de la semana, piensa que la compasión y la felicidad pueden encontrarse en formas sencillas. Puede significar simplemente sonreír o ayudar a una persona con una tarea. O puede significar invertir en una empresa que trabaja para crear un cambio social. Incluso podrías poner en marcha tu propio negocio que se alinee con las formas en las que echas de menos o quieres marcar la diferencia.

Si te planteas lanzarte a la aventura emprendedora, permíteme compartirte algunas ideas con las que me quedé tras leer el libro *Backable*, de Suneel Gupta:

- Lo que mueve a la gente no es el carisma, sino la convicción. Si quieres convencer a los demás, primero debes convencerte a ti mismo.

---

234 Einsten, Albert. *Albert Einstein Quotes*. QuoteFancy.com. https://quotefancy.com/quote/763440/Albert-Einstein-I-am-happy-because-I-want-nothing-from-anyone-I-do-not-care-for-money

235 Siegel, C. (2018). *Why Didn't They Teach Me This in School, Too? Simple Strategic Solutions*. http://books.google.ie/books?id=evA0uQEACAAJ&dq=Cary+Siegel&hl=&cd=3&source=gbs_api

236 Chödrön, Pema. *Pema Chödrön Quotes*. Goodreads.com. https://www.goodreads.com/quotes/179969-compassion-is-not-a-relationship-between-the-healer-and-the

237 Lama, Dalai. *Dalai Lama Quotes*. Glasp.co. https://glasp.co/quotes/dalai-lama

- Date un tiempo de incubación para tu idea o tu historia. No tengas prisa por compartirla inmediatamente. Cuando una idea nace, no está completamente formada; no está lista para compartirse con el mundo tal cual. Cuando compartes una idea a medio hacer, no obtienes la respuesta que obtendrías con una idea totalmente hecha, y eso puede desinflar tu entusiasmo y aplastar tu ánimo. Durante este tiempo de incubación, es importante moverse y hacer cosas. Haz cosas que validen la idea, la invaliden o la desarrollen.

- Pregúntate cuál es el cambio en el mundo que hace que tu idea importe.

- El juego del ahora. Hay dos tipos de personas en este mundo. Los que juegan al juego del «algún día» y los que juegan al juego del «ahora». Cuando jugamos al juego del ahora, puede que nuestras acciones no lleven al éxito, pero pueden inspirar a otros a pasar a la acción. Así que juguemos juntos. Luchemos por las ideas que nos hacen revivir e inspiremos a buenas personas para que se unan a nosotros. Vivamos momentos que atesoraremos para siempre, incluso si duelen.

- Comparte lo justo. Al presentar un nuevo concepto, la idea no puede estar definida al 100 %. Esto significa que tienes que dejar espacio para que los patrocinadores formen parte de ella. Comparte lo suficiente para despertar su imaginación, pero no tanto como para darles una razón para negarse. Tampoco hay que llegar al extremo sugerido por Richard Branson quien considera que «si no cabe en el reverso de un sobre, es basura»[238].

Y una vez en marcha, fíjate en lo que tus clientes hacen, no en lo que dicen. Está bien la escucha activa, claro; pero sobre todo, observa lo que intentan hacer con tu producto o servicio, pues eso te mostrará el camino a seguir.

---

238 Carmine Gallo. *Richard Branson: If It Can't Fit on the Back of an Envelope, It's Rubbish (An Interview)*, Forbes, 22 de octubre de 2012, https://www.forbes.com/sites/carminegallo/2012/10/22/richard-branson-if-it-cant-fit-on-the-back-of-an-envelope-its-rubbish-interview/

CAPÍTULO 21

La definición de riqueza duradera

Busco un mentor que me enseñe cómo hacerme rico sin aburrirme con muchos consejos

Los expertos definen la riqueza de muchas maneras. Algunos le ponen una cifra, indicando que hay que alcanzar un determinado nivel de ingresos o patrimonio neto para ser rico.

Yo no pongo una cifra junto a la riqueza. A lo largo de este libro, he dedicado tiempo a explicar formas de mejorar tu vida, tu dinero y tu legado. Parte de tu riqueza incluirá las relaciones que tengas y el impacto que causes en la vida de los demás, directa o indirectamente. Dedica tiempo a identificar cómo puedes tener el mayor impacto positivo con tus talentos y fortalezas, pero también a estar cerca de tus seres queridos y disfrutar de su compañía. Otro aspecto tiene que ver con tu tiempo libre. Asegúrate de hacer cosas a diario que te gusten y te ayuden a sentirte tranquilo. También hay un aspecto relacionado con las finanzas. Como he señalado, invertir en ti mismo, en tu negocio, en otras empresas y en activos alternativos puede ayudarte a aumentar tus ingresos y tu activo más valioso, el tiempo.

La clave, por supuesto, es actuar de la forma adecuada. Te aconsejo que veas tu vida como un viaje de aprendizaje continuo. Lo que viví primero de niño y después de adulto ha contribuido a formar la persona que soy hoy. Tú también lo descubrirás. No te desanimes por los obstáculos y los fracasos del camino. Recuerda que son peldaños para avanzar hacia una meta más alta y mejor.

Para terminar este libro, te dejo con algunas citas e inspiración sobre la creación de riqueza duradera. Al repasarlas, recuerda que es más que un juego de números. En general, querrás esforzarte por conseguir una armonía desequilibrada, buenas relaciones, una actitud persistente o valentía y objetivos que te motiven. Ah, y recuerda sonreír, ser amable y tomarte tiempo para reír y disfrutar de los pequeños momentos del camino.

Crear riqueza duradera

Gasta de forma responsable

La principal enseñanza del libro *El millonario de la puerta de al lado* es que «la riqueza no es lo mismo que los ingresos. Si tienes unos buenos ingresos cada año y te lo gastas todo, no te estás enriqueciendo. Solo vives a lo grande. La riqueza es lo que acumulas e inviertes, no lo que gastas»239. Consecuentemente, planifica con antelación, haz un presupuesto acorde, evita tentaciones innecesarias y no compres cosas solo porque estén de oferta. Charlie Munger lo expresó así: «Es muy sencillo. Gasta menos de lo que ganas. Invierte con astucia, evita a la gente tóxica y las actividades tóxicas, intenta seguir aprendiendo toda la vida y difiere mucho la gratificación. Si haces todas esas cosas, es casi seguro que tendrás éxito. Y si no, necesitarás mucha suerte»240.

Tu red es tu valor neto

Tus contactos sociales son la mejor inversión que puedes hacer.

Utiliza el apalancamiento solo lo necesario

En la inversión no existe el 100 % de seguridad. Por eso, el uso del apalancamiento es peligroso. Utilízalo con moderación y solo cuando dispongas de información privilegiada legítima.

Admira y estudia a otros ricos

La persona normal suele estar resentida con los ricos y evita aprender de ellos. En lugar de ser mediocre, sigue los pasos de la gente de éxito. La fórmula del éxito de Charlie Munger, mencionada anteriormente en este capítulo, puede parafrasearse del siguiente modo: gasta menos de lo que ganas, invierte con prudencia, evita a la gente tóxica y las actividades tóxicas, aplaza la gratificación y nunca dejes de aprender.

El éxito engendra éxito

Asóciate con personas positivas y de éxito, y cree plenamente que eres tan bueno como ellas. Las relaciones personales son probable-

---

239 Stanley, T. J., & Danko, W. D. (2010). *The Millionaire Next Door*. Rosetta Books. http://books.google.ie/books?id=DzytDwAAQBAJ&printsec=frontcover&dq= %22El+millonario+de+al+lado:+Los+sorprendentes+secretos+de+los+ricos+de+Estados+Unidos %22,+de+Thomas+Stanley+y+William+Danko.&hl=&cd=4&source=gbs_api

240 Meyer, Grace. *Charlie Munger's 'great lesson' of life: Cut out toxic people*. Yahoo!Finance. https://finance.yahoo.com/news/billionaires-top-advice-success-cut-171159263

mente el factor de éxito más subestimado. Y una vez con estas, el éxito, entendido como alcanzar tu mejor versión, requiere pasar por el filtro de las tres P de la acción masiva (prudencia, perseverancia y paciencia) y de las tres S del desarrollo espiritual (silencio, seguridad/ fe y servicio).

Encuentra el placer en el día a día

Como aconseja Robin Sharma: «Lee más libros. Camina por la naturaleza a diario. Deja atrás el pasado. Bebe más agua. Da las gracias a menudo. Levántate a las cinco de la mañana. Sonríe a los desconocidos. Medita. Lleva un diario»[241].

Date una ducha

Si necesitas relajarte o tener buenas ideas, disfruta de la soledad y la falta de distracciones de una buena ducha caliente.

Cobra en función de los resultados

La mayoría de la gente opta por cobrar en función del tiempo. Aprenderás y obtendrás más si pides que te paguen en función de los resultados.

Céntrate en aprender y adquirir experiencia, y el dinero te seguirá

Y si el dinero no te sigue o lo pierdes, recuerda lo que dijo Sam Walton u otro el día que perdió 100 millones de dólares: «Es solo dinero».

Siéntete cómodo sintiéndote incómodo

Al ampliar tu zona de confort, ampliarás tu zona de riqueza. Puedes predecir el éxito de alguien en cualquier área simplemente observando cómo afronta las conversaciones incómodas. Tu progresión personal está atrapada detrás de las conversaciones incómodas.

---

241 Sharma, Robin. *Library Mindset*. https://twitter.com/librarymindset/status/1621476106598760448?lang=en

Juega para ganar vs. para no perder

Esta mentalidad influirá en tu rendimiento general en la vida, incluidos los deportes, los negocios y los objetivos personales. Jugar en pequeño no sirve al mundo. De hecho, ganamos o aprendemos, pero nunca perdemos. Ganarás más si buscas la manera de hacer que otros ganen, especialmente al crear nuevas empresas.

Piensa en «ambos» frente a «uno u otro»

Se trata de un enfoque más integrador de la resolución de problemas y la toma de decisiones, que te permite aprovechar un abanico más amplio de posibilidades.

Piensa en términos de activos, no de ingresos

Las personas ricas no son más listas, afortunadas o codiciosas que los demás. Simplemente ven el dinero como un activo, no como un ingreso, que puede convertirse en más dinero con el tiempo.

Si se abusa de estas tres cosas, pueden arruinar la vida: el poder, el sexo y la codicia

El hambre insaciable de riqueza, impulsada por una codicia desenfrenada, puede llevar a las personas por un camino de decadencia moral y empobrecimiento espiritual que corroe el tejido mismo de su existencia.

Mejor que rico, considera convertirte en un «frillonario», es decir, un «millonario de libertad» (juego con la palabra «free», 'libertad', en inglés;)

El materialismo extremo y la gestión de propiedades que no son necesarias roban mucho tiempo. Como respondió Bill Gates en una entrevista: «Puedo entender tener millones de dólares. Hay una libertad significativa que viene con eso, pero una vez que llegas mucho más allá de eso, tengo que decirte que es la misma hamburguesa»[242].

---

242 Matyszczyk, Chris. Bill Gates: Being very rich is 'the same hamburger'. October 28, 2011. CNET. https://www.cnet.com/culture/bill-gates-being-very-rich-is-the-

No es lo que tienes o haces, es lo que eres

Y eres lo que haces con lo que tienes, y lo que haces depende de cómo te sientes con lo que sabes (un bonito y sabio juego de palabras inesperado;).

Sentirse rico no es una experiencia, sino una decisión

Como decía Coco Chanel: «Hay gente que tiene dinero y gente que es rica»[243].

Si quieres riqueza, empieza a considerarte una persona rica. Puede que ni tú ni tu cuenta bancaria cambiéis el día que empieces a pensar y actuar como tal, pero algo estará ocurriendo en tu subconsciente que se manifestará de una forma u otra si no te entretienes con la negatividad. No obstante, es imposible predecir cuánto durará tu estrellato, tu bienestar o tu riqueza, así que no dejes de dar lo mejor de ti, pero también relájate y diviértete.

El camino hacia la riqueza se construye vendiendo y promocionando

Conviértete en un gran promotor de tu propósito y nunca te rindas. Solo funcionará si decides no abandonar.

Para ser más rico y más libre, desea menos

Creo que es un proverbio francés el que dice: «El hombre que nada necesita, todo lo recibe». Además, como hemos hablado antes, vive siempre por debajo de tus posibilidades, y recuerda que, como sugiere Ramit Sethi, «el factor más importante para hacerse rico es empezar, no ser la persona más inteligente de la sala»[244].

---

same-hamburger/

[243] Chanel, Coco. *Coco Chanel Quotes*. BrainyQuote.com. https://www.brainyquote.com/quotes/coco_chanel_100040

[244] Sethi, R. (2023). Te enseñaré a ser rico. Obelisco. http://books.google.ie/books?id=2CXtzwEACAAJ&dq= %22Te+ense %C3 %B1ar %C3 %A9+a+ser+rico %22+de+Ramit+Sethi+ %22&hl=&cd=2&source=gbs_api

Los que más tienen no son los más felices, sino los que menos necesitan

La verdadera felicidad no viene determinada por las posesiones materiales, sino por nuestra mentalidad y capacidad de sentirnos realizados con lo que tenemos. Busca la satisfacción en el momento presente y libérate del interminable ciclo de luchar por más. De hecho, somos verdaderamente ricos y felices cuando conseguimos controlar nuestro tiempo, y gran parte de la razón es porque cuanto más tiempo tenemos, más nos dedicamos a ayudar a los demás. Winston Churchill solía afirmar: «Nos ganamos la vida con lo que obtenemos, pero hacemos la vida con lo que damos»[245].

La plenitud proviene del altruismo

Fíjate objetivos, piensa a lo grande, trabaja sin descanso, aprende continuamente y fomenta la comunidad para embarcarte en un viaje transformador hacia la plenitud y el impacto. La mayoría de las personas más felices no son las que más consiguen, sino las que pasan más tiempo en un estado de flujo. Descubre qué actividades hacen que el tiempo vuele cuando las realizas.

¿El legado más rico? Ser amable con todo el mundo

La amabilidad es duradera por dos razones. En primer lugar, no se puede ser rico y ayudar a los demás sin establecer buenas relaciones. En segundo lugar, la verdadera medida de nuestra riqueza es cuánto valdríamos si lo perdiéramos todo.

«Más que una luna llena brillando intensamente en una noche clara, prefiero ver una luna parcialmente oculta por las nubes»[246]

Esta cita es de Juko Murata, considerada la creadora de la ceremonia del té. En Japón, la esencia de la belleza es muy diferente, aludiendo a lo imperfecto, los detalles, el valor del paso del tiempo y el *wabi sabi*

---

[245] Churchill, Winston. *Winston Churchill Quotes*. BrainyQuote.com. https://www.brainyquote.com/quotes/winston_churchill_131192

[246] *An Introduction to Chado*. Urasenke Chado. https://www.urasenke.or.jp/texte/about/chado/

o asimetría que crea piezas y personas únicas. La vida, como se ha compartido aquí varias veces, no es justa ni fácil y está en constante cambio, pero si apreciamos la belleza en su imperfección e impermanencia, aceptamos pacíficamente nuestro ciclo natural de crecimiento (y decadencia), y miramos más allá, encontrando la belleza oculta de las personas, las cosas y los acontecimientos, y agradeciendo todas estas imperfecciones de la vida, seremos verdaderamente ricos.

Recibes lo que inviertes

Las prisas y el deseo de resultados rápidos pueden obligarte a posponer muchas grandes cosas de la vida. El ficticio «algún día» puede convertir tu vida en un cementerio de promesas. Piénsalo: ¿cuántas veces te has dicho a ti mismo que irás de excursión o de pesca con tus hijos? El momento que estás esperando es ahora. Nadie puede garantizar que mañana tengas la misma oportunidad, así que revisa tus prioridades. ¿Es esencial esa tarea de después del trabajo? ¿Esa llamada puede esperar a mañana? Dedica a tu familia el tiempo y la atención que se merecen, y ellos te devolverán todo su cariño.

Aprende de la cultura judía

Un aprendizaje interesante de mis estudios de Filosofía y Teología en la Universidad de Londres, fue la educación judía de la que se derivan muchos de sus comportamientos a la hora de gestionar sus finanzas. La Torá —que es lo que los cristianos conocemos como los cinco primeros libros de la Biblia— y el Talmud —libro que recoge una serie de discusiones rabínicas que podríamos decir que son la interpretación abierta del primero— son la base de su éxito financiero.

El conocimiento es un pilar fundamental para todos nosotros, y la cultura judía lo valora enormemente. Casi todos los adultos judíos de veinticinco años o más (99 %) tienen al menos estudios primarios, y el 61 % posee títulos postsecundarios[247].

Además, para ellos es imprescindible diversificar el patrimonio. Las enseñanzas judías explican que una persona debe distribuir su ri-

---

247 *Jewish educational attainment*. December 13, 2016. Pew Research Center. https://www.pewresearch.org/religion/2016/12/13/jewish-educational-attainment

queza según la regla de los tres tercios: una parte en tierras, otra en negocios propios y la última en efectivo o inversiones. De hecho, con poco más de 9 millones de habitantes, solo Israel tiene más empresas cotizadas en el Nasdaq (más de 60 empresas) que toda Europa. En total, cotizan más de 3500 *startups*, una por cada 1800 israelíes. Calvin Klein, Ralph Laurent, Michael Bloomberg y Mark Zuckerberg, por citar una breve muestra, son judíos.

La cultura judía enseña a vivir frugalmente por debajo de las posibilidades económicas y a evitar las deudas incobrables. Es muy difícil ver a un judío, por muy próspero que sea, despilfarrar el dinero en lujos. Para ellos es mejor tener poder económico que mostrarlo a los demás. El dinero debe ser siempre un medio y no el fin. Para definir esto, los judíos utilizan la palabra «kesef». Así pues, prueba un estilo de vida y de consumo más frugal. Puede que descubras que necesitas menos de lo que crees para ser feliz.

Por último, la cultura judía también enseña a ser humilde, honesto con los demás, a mantener una buena reputación al hacer negocios y la importancia de dar generosamente. Siempre me ha gustado el concepto *yiddish* de «mensch», que es una persona de gran integridad y honor; algo que deberíamos practicar, judíos y no judíos, mucho más a menudo.

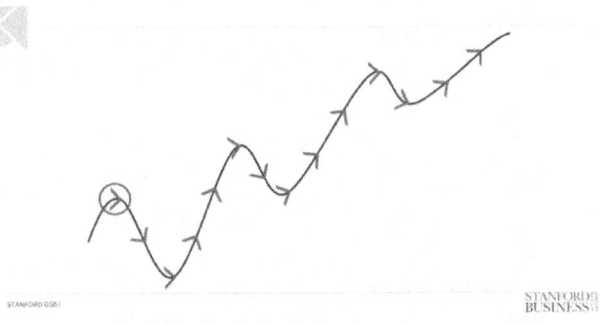

Author: Graham Weaver, Founder of Alpine Investors

Recuerda que tu vida no tiene por qué ser una línea recta de éxitos y avances. El camino puede estar lleno de altibajos, y eso puede conducir al progreso. Como dice Graham Weaver, fundador de Alpine Investors: «En la vida, a veces, para seguir subiendo, hay que bajar», y añade: «Haz lo tuyo. Hazlo durante décadas. Escribe tu historia».

Espero que puedas poner en práctica las palabras y lecciones de los capítulos de este libro. Para mí ha sido un proceso recopilar mis citas y pensamientos preferidos y organizarlos. Después de todo, nunca pensé que escribiría un libro.

Aunque el trabajo que comenzó con aquel maravilloso regalo de mis hijas de un tarro lleno de «lecciones de vida de papá» (como en las películas basadas en hechos reales, comparto contigo, al final del libro, una foto del tarro original), se ha expandido en lecciones adicionales sobre la vida, los negocios y la inversión, y espero que tú, querido lector, puedas aplicar algunas de ellas a tu vida.

Me gustaría añadir un mensaje a los lectores que son padres: si tienes hijos adultos que reciben ayuda financiera regularmente, estarán más interesados en gastar que en ahorrar. Es imposible mantener el patrimonio familiar durante generaciones si no explicamos a nuestros hijos cómo administrar bien el dinero. Nuestro objetivo como padres debería ser convertir a nuestros hijos en adultos independientes con la capacidad de ahorrar una fracción de lo que ganan —idealmente, no menos del 10 % de su sueldo, sea cual sea la cantidad— e invertirlo de forma inteligente.

-

Ponte en contacto conmigo si conoces a alguien que esté realmente interesado en este libro, pero carezca de fondos para comprarlo. Con mucho gusto le enviaré por correo electrónico un ejemplar en formato digital.

Por último, me gustaría destacar que no he escrito este libro para que lo leas, sino para que lo apliques. Con esto quiero decir que espero que algunos de estos consejos, pensamientos y citas te motiven e inspiren para actuar, pues como nos recuerda Tony Robbins, «contrariamente a la sabiduría popular, el conocimiento no es poder: es poder potencial. El conocimiento no es dominio. La ejecución es la maestría. La ejecución triunfará sobre el conocimiento todos los días de la semana».

-

Me encantará conocer tu proactividad en la inversión alternativa de tiempo, dinero y pensamiento, y sobre todo el que me compartas tus resultados y enseñanzas, pues, como nos dejó Charlie Munger, «lo mejor que un ser humano puede hacer es ayudar a otro ser humano a saber más».

Sé nueva savia; innova, invierte, inspira. Sé alternativo; valiente, generoso, y una fuerza del bien. Y sobre todo, sé amable.

Hasta pronto;).

Puedes contactar conmigo en https://www.linkedin.com/in/fors

Miami, 24 de marzo de 2024

Lecturas recomendadas

Aquí tienes algunos libros sobre inversión para empezar:

- *El inversor inteligente*, de Ben Graham. Conocido como el padre de la inversión en valor y mentor clave de Warren Buffett, Graham comparte sus enseñanzas en este libro. Buffett ha dicho de este libro: «Con diferencia, el mejor libro sobre inversión jamás escrito»248.

- *Common Stocks and Uncommon Profits*, de Philip Fisher. Warren Buffett dice que su propio enfoque de inversión es una combinación de los de Ben Graham y Fisher.

- *Beating the Street*, de Peter Lynch. Lynch, gestor durante muchos años del fondo Magellan de Fidelity, es uno de los inversores más reputados del planeta.

- *El pequeño libro que aún vence al mercado*, de Joel Greenblatt. En él aprenderás una «fórmula mágica» para invertir. Consiste en fijarse en el rendimiento de los beneficios (EBIT/valor de la empresa) y en el rendimiento del capital (EBIT/(capital circulante neto + activos fijos netos)) para evaluar los valores. Verás cómo clasificar y combinar estos dos factores para encontrar empresas ganadoras.

- *The Essays of Warren Buffett*, por Warren Buffet y Lawrence Cunningham. Encontrarás cartas anuales a los accionistas de Berkshire

---

248 "Warren Buffett—The Best Book on Investing and What it Can Teach You." FS Blog. https://fs.blog/warren-buffett-the-best-book-on-investing-and-what-it-can-teach-you/

Hathaway, que cubren una amplia gama de temas. Aprenderás de todo, desde estrategias de inversión hasta gobierno corporativo.

- *The Outsiders*, de William Thorndike. En este libro, Thorndike narra las historias de ocho directores generales poco convencionales que fueron contracorriente y lograron rendimientos extraordinarios para sus accionistas. Es uno de los mejores libros que encontrarás sobre cómo pensar de forma diferente y ser recompensado por ello.

- *Regla nº 1*, de Phil Town. A través de este libro, aprendí sobre cómo encontrar empresas de lunas anchas, es decir, aquellas que tienen algún tipo de posición monopolística en el mercado. Esto incluye marcas (McDonalds, Coca-Cola, Pepsi), patentes (Pfizer, Intel, IBM), cobro de peajes (empresas de medios de comunicación, agencias, empresas de servicios públicos), empresas de cambio difícil (Apple, Microsoft, Harley) y diferenciadores de precios (Walmart, Costco, Target). Aprenderás qué KPI analizar y cómo compararlos con las medias de su sector. Comprenderás los conceptos básicos del ROIC (rendimiento del capital invertido), la tasa de crecimiento de las ventas, el crecimiento del BPA (beneficio por acción), el BVPS (valor contable por acción) y el FCF (flujo de caja libre) y cómo calcular el precio de compra y de venta.

El hombre que resolvió el mercado: How Jim Simons Launched the Quant Revolution, de Jim Simons. Este libro es una biografía que profundiza en la vida y los logros de Jim Simons, matemático y gestor de fondos de cobertura que revolucionó el campo de las finanzas mediante estrategias de negociación cuantitativa. Ofrece una visión única del secreto fondo de cobertura de Simons, Renaissance Technologies, y su éxito sin precedentes utilizando modelos matemáticos y análisis de datos para superar las estrategias de inversión tradicionales.

Agradecimientos

Quisiera dedicar este apartado a todas las personas que han sido parte esencial de mi camino, que me han apoyado, inspirado y ayudado a evolucionar en cada etapa de mi vida.

A mis **padres**, por su amor incondicional, sacrificio, afición a la lectura y fe católica, un ejemplo de impacto transgeneracional.

A mis **hermanos**, por ser compañeros de vida y de risas, a pesar de las distancias.

A mi **mujer e hijas**, por vuestro apoyo constante y ser el centro de mi vida, la razón por la que lucho y crezco cada día.

A mis **tíos, primos y sobrinos**, por permitirme experimentar la esencia y el valor de la familia.

A mis entrañables amistades del **patio**, de Águilas, del **CEU** y del **IESE**, quienes siempre me habéis hecho sentir en casa, aunque estemos lejos, con vuestra incondicional amistad en cada uno de nuestros reencuentros.

A mi compañeros de aventura en **Activos en Renta, Donde Aprender, Accenture, Carrefour, Quorum, Bernardo Alfageme, Savia, Codere, Formula Giochi, GreenPlay, Intralot, BrightStar, Keller Williams, Virtuous Capital, Reental, Fidelitas, Orbyn, Nash21** y **Protein Capital**. Todos vosotros habéis sido una fuente constante de aprendizaje y crecimiento, enseñándome cada día la importancia de la pasión, la perseverancia y el trabajo en equipo.

A mis maestros del **CEU, IESE, CEF, ISDI, Tutellus, Cala, HBS, MIT y Stanford**: vuestra sabiduría y valores han dejado una marca imborrable en mi vida.

A mis queridas tierras, y sus gentes, de **España, Indonesia, Singapur, Japón, Italia, Francia, Reino Unido, México, Argentina, Chile, Perú, Brasil, Colombia, Uruguay**, y las ciudades de **Atlanta, San Diego, Washington, Nueva York** y **Key Biscayne**, por vuestra hospitalidad y acogida durante mis estancias.

A los profesionales de las editoriales **Forbes** y **Bubok**, por haber apostado por mí y por mis libros.

A mis hermanos de **Emaus**, por mostrarme el camino hacia la mejor versión de mí mismo.

Vosotros sabéis quiénes sois en cada uno de los párrafos o empresas mencionadas arriba: gracias y os quiero.